上海海关学院
工商管理与关务学院 | 优秀青年博士学术文库

赞助搜索广告中的
关键字优化策略

李慧然　著

上海交通大学出版社
SHANGHAI JIAO TONG UNIVERSITY PRESS

内容提要

本书以赞助搜索广告中的关键字作为研究对象,综合运用管理运筹学中的分支定界方法、金融风险控制中的现代资产组合理论和系统决策理论,分析解决高度不确定性环境下,结构性赞助搜索广告中广告主面对的一系列关键字决策的随机优化问题。主要内容包括:基于随机优化的关键字分组策略研究、关键字投资组合策略研究,以及融合广告组层次和关键字层次的综合出价策略研究。

本书适用于管理学、市场营销学相关领域的学者参考使用。

图书在版编目(CIP)数据

赞助搜索广告中的关键字优化策略 / 李慧然著.
上海:上海交通大学出版社,2024.12. -- ISBN 978-7-313-32084-1

Ⅰ. F713.80

中国国家版本馆 CIP 数据核字第 2025DY5206 号

赞助搜索广告中的关键字优化策略
ZANZHU SOUSUO GUANGGAO ZHONG DE GUANJIANZI YOUHUA CELÜE

著　　者:李慧然
出版发行:上海交通大学出版社　　　　地　　址:上海市番禺路 951 号
邮政编码:200030　　　　　　　　　　电　　话:021 - 64071208
印　　刷:上海新华印刷有限公司　　　经　　销:全国新华书店
开　　本:710mm×1000mm　1/16　　　印　　张:9
字　　数:118 千字
版　　次:2024 年 12 月第 1 版　　　　印　　次:2024 年 12 月第 1 次印刷
书　　号:ISBN 978 - 7 - 313 - 32084 - 1
定　　价:58.00 元

版权所有　侵权必究
告 读 者:如发现本书有印装质量问题请与印刷厂质量科联系
联系电话:021 - 56324200

前　言

2024 年 6 月初的一个下午,上海某中小型外贸公司正在为如何在赞助搜索电商平台提升其广告引流效果,增加其产品销量而发愁。他们收集行业热门关键字以建立关键字库、维护目标关键字集合、组织搜索竞价广告结构,多管齐下,短短半年已经在谷歌广告(Google AdWords)、亚马逊和阿里国际的搜索竞价广告平台上花费了 100 多万元的推广费用,然而消费者的行为(如广告点击)、广告的特点(如广告位置)和其他同类企业的竞争行为随着时间不断变化,精准的广告投放变得极其困难。到底该如何优化赞助搜索广告关键字决策,才能在这充满不确定性的市场环境中改善其营销效率低而运营成本高的现状,解决销售增长停滞不前的危机呢? 据艾瑞咨询公司发布的市场调研报告显示,我国有超过 500 万家企业每日都面临着类似的困境。

随着互联网经济的全球化深度发展,产品、资本、技术、信息等生产要素的流动不断加速。实体经济与虚拟经济相结合所产生的互联网经济打破了传统贸易的地理界限,电子商务产业受益于行业发展红利,在外贸加速转型、网购模式逐渐渗透等多重利好刺激下,在相关政策如《区域全面经济伙伴关系协定》(RCEP)、《"十四五"电子商务发展规划》《商品市场优化升级专项行动计划(2021—2025)》的支持下,高质量发展。据互动广告局(Interactive Advertising Bureau)发布的《2023 年互联网广告收入报告》统计,搜索竞价广告在所有数字广告中占据主导地位,带来 783 亿美

元的广告收入,自 2020 年以来增长 33％,占所有广告类型总收入的
41.4％,是最重要的营收来源和最具代表性的电子商务盈利模式。企业
在各大平台上的推广,如搜索引擎(Google AdWords、Yandex)、海外购物
(亚马逊、虾皮)、国内购物(淘宝、京东)都离不开搜索竞价广告。然而,多
样的电商平台和庞大的电商用户群体为搜索竞价广告的发展奠定了坚实
的需求支撑和用户基础的同时,也导致了搜索竞价广告市场的不确定性
特征,使得企业在搜索竞价广告管理的过程中面临着巨大的困难和挑战。

关键字是搜索竞价广告的基本载体,是连接广告主、搜索用户(潜在
消费者)和搜索竞价广告平台之间的重要桥梁。对广告主而言,关键字决
策是搜索竞价活动面临的一个基本问题,贯穿于广告推广活动的整个生
命周期。它能够帮助广告主对目标市场进行细分,定位潜在消费者人群,
利用竞价广告机制实施精准化营销,向目标消费者提供他们感兴趣的广
告以获得更多的流量和收入。对于赞助搜索广告主而言,如何根据搜索
引擎定义的广告结构,有效地组织其广告计划中的目标关键字集合是一
个亟待解决的关键问题。本书在高度不确定性的搜索广告市场环境中,
探索基于随机优化的赞助搜索广告关键字策略,具有重要的理论价值和
实践意义。本书共包含六个章节,涉及横跨计算机科学、人工智能、信息
检索、广告、营销和信息系统等多个领域。本书的核心目的是在赞助搜索
广告不确定的市场环境和独特的层次结构框架下,基于随机优化的方法,
帮助广告主组织管理关键字,具体包括:关键字的分组策略研究、关键字
的投资组合策略研究和关键字多层次出价策略研究,使得具有不同风险
偏好的广告主在相应的预算约束下能够最大化其期望利润。

本书深入探讨了赞助搜索广告的策略优化,特别是关键字策略在不
确定市场环境中的管理与决策。鉴于此领域的理论性和实践性都很强,
我们建议读者在阅读本书的同时,也参考一些关于赞助搜索广告实际操
作的资料,这些资源将为读者提供必要的实操视角,帮助读者更好地理解
理论到实践的转换。

期望本书能够成为国内搜索营销从业者和研究人员的宝贵资源,不
仅作为一本理论指导书,更希望它能在实际工作中发挥指导作用。同时,

我也期待本书能为相关领域的学者提供研究的参考和启发,推动赞助搜索广告领域的学术研究和实践创新。

我要感谢华中科技大学的杨彦武教授,本书是在他的精心指导下完成的。在出版的过程中,感谢上海海关学院匡增杰教授、上海交通大学出版社信艳编辑的大力支持。同时,我要感谢我的研究生林小荣和李秋澄,他们对书稿进行了仔细校对。本书得到教育部人文社会科学青年项目(23YJC630079)的支持。

由于作者水平有限,书中难免存在一些错误和疏漏之处,请读者批评指正。

李慧然

2024 年 6 月 29 日于法国巴黎

目　录

1　相关研究背景与意义综述

1.1　研究背景

GoTo.com(2001 年改名为 Overture,2003 年被雅虎收购)于 1998 年创建了世界上第一个赞助搜索广告;2000 年,百度成立;同年,谷歌推出了广告平台 AdWords;2001 年,百度搜索引擎正式上线;2002 年谷歌推出了首次搜索竞价。[①] 经过过去近 20 年的发展,大型商业搜索引擎已经成为互联网用户的信息门户,而赞助搜索广告已发展成为最著名的在线广告渠道之一,是搜索引擎公司快速增长的主要收入来源(Zhang et al.,2021)。数百万的广告主利用赞助搜索广告精确定位(Prabhu et al.,2018)、低广告成本(Colangelo,2020)和高投资回报率(Küçükaydin et al.,2020)的特点推广其产品和服务。借助于互联网,赞助搜索广告为用户和广告主提供了一种全新高效的连接方式,使得赞助搜索广告具有针对消费需求、时效性强等优点(Nagpal and Petersen,2020)。广告主通过网络可以实时监测到消费者反馈的数据,如搜索查询、广告点击或转化行为等,利用收集到的数据做定量分析,并提出改进方案,如细化广告投放活动目标、精准化投放、调整预算分配策略等。而伴随广大用户生活中数字化、信息化的快速发展,赞助搜索广告为广告主宣传推广自己的品

[①]　参见 https://www.whytui.com/news/pinpai/16574.html。

牌或产品提供了新的机会。在搜索引擎检索结果中取得有利的排名,已经成为网络资源中尽快获得用户关注的最有效途径之一(Jeziorski and Moorthy,2018)。据互动广告局(Interactive Advertising Bureau,IAB)统计,互联网广告收入在 2018 年创下了 1075 亿美元的历史新高,其中赞助搜索广告占比 45.1%。[①] 根据 eMarketer 2019 年的统计,全球在线广告市场规模达 2500 亿美元。其中,中国在线广告规模在 2020 年增加了 26.6%,赞助搜索广告以 40%比例占据最大市场份额。由此可见,赞助搜索广告具有巨大的商业价值。

为了及时响应消费用户的查询,搜索引擎基于复杂的信息检索算法生成有序的网页结果索引列表,这些页面可能代表销售的商品或服务、推荐的网站等商业实体,而赞助搜索广告是一种放置在搜索引擎查询结果页面上的在线广告。据 Internet Live Stats 统计,主流搜索引擎之一的谷歌,每天将提供超过 35 亿次搜索请求,其中大量搜索请求与决策任务相关,如购物或电影评论。[②③] 因此,搜索引擎在塑造互联网用户行为画像方面具有十分强大的能力。搜索引擎作为互联网用户和庞大网络内容间的中介角色为许多希望宣传其产品或服务的商业公司创造了令人兴奋的营销机会。赞助搜索广告的目标是有效的组织目标集合中的关键字使其与消费者在搜索引擎中的查询词相匹配,将其促销的商品或服务的广告信息展现在潜在消费者面前,并形成最终的转化(Erdmann et al.,2020)。赞助搜索广告的定位能力有助于增加广告主在赞助搜索广告中对潜在消费者的吸引力(Yang et al.,2019)。在做出购买决定之前,消费者通常会使用搜索引擎来识别和比较购买选项。搜索引擎向广告主提供

---

① Interactive Advertising Bureau (IAB). 2018 IAB Internet Ad Revenue Full Year Report. Available at https://www. iab. com/wp-content/uploads/2019/05/Full-Year-2018-IAB-Internet-Advertising-Revenue-Report.pdf. Accessed on May 10,2019.

② Internet Live Stats. "Google Search Statistics - Internet Live Stats". www.internetlivestats. com. Retrieved April 14,2021.(Internet Live Stats 是一个提供实时互联网统计数据的网站)

③ Wikipedia. "Google Search". https://en.wikipedia.org/wiki/Google_Search#cite_note-3. Retrieved April 14,2021.

针对消费者直接购买兴趣量身订制广告的展示机会,鼓励消费者点击相关赞助搜索广告,为广告主创造进一步的广告转化机会。对于在线用户,赞助搜索广告提供与消费者查询高度相关的搜索结果。因此,相较于横幅广告或弹出广告,赞助搜索广告被认为具有更小的侵入性,能为消费者带来更满意的购买体验。此外,赞助搜索广告减少了在线用户的搜索成本,并在有限的时间内增加了在线用户对有用信息的访问。因此,赞助搜索广告能够以庞大的流量、精准的定位以及更具亲和力的表现形式,帮助广告主完成其向潜在消费者推广商品或服务并形成最终转化,产生可观利润的重要商业目标。

在赞助搜索广告中,主要搜索引擎(例如谷歌、百度)采用的通用广告结构可以描述为:广告主在其相应广告账户下,运行一个或同时运行几个广告计划以实现预计促销目标,其中每个广告计划都包含一个或几个广告组,每个广告组又包含一个或多个广告以及一组共享的关键字集(见图1.1)。从这个意义上讲,赞助搜索广告由于其分层的广告结构而在本质上与传统广告(例如,平面广告和电视广告)存在显著差异。不同于传统广告扁平化的特征,赞助搜索广告的层次结构导致了赞助搜索广告中广告决策的层次结构化特征(Yang et al., 2019)。在赞助搜索广告活动的整个生命周期中,广告主必须面对一系列与关键字相关的多层次优化决策,不同层次的关键字决策共同形成一个闭环的决策周期。来自较高层次决策的结果将成为较低层次决策的约束和输入,而较低层次的广告优化结果则会为较高层次的决策创建相应的反馈响应。在赞助搜索广告中,广告主需要选择一组感兴趣的关键字,并根据搜索引擎定义的广告结构(例如广告计划和广告组)来组织这些关键字。一旦用户将与这些关键字中的一个或多个相关联的查询提交给搜索引擎,它就会触发搜索竞价流程。也就是说,搜索引擎检索其广告数据库并获得一组匹配的广告,然后通过广告主的出价和质量得分的乘积进行排名,并通过拍卖机制(例如广义第二价格)进行定价。此过程生成一组在搜索引擎结果页面上显示的广告以及自然搜索结果。在整个过程中,广告主需要做出一系列与关键字相关的决策(例如关键字分组、关键字投资组合以及关键字出价优化),由此可见关键字在连接广告主、搜索用户和搜索引擎方面发挥着至关重要的作用(Yang et al.,2019)。合理的广告结构能够帮助广告主使用适当关键字向潜在目标客户投放他们感兴趣的广告来确保更多的流量和收入(Yang et al.,2017)。因此,如何选择有利的关键字并对该关键字集合进行有效地组织和优化是赞助搜索广告主面临的一个关键问题。鉴于此,本书将围绕赞助搜索广告中的关键字策略优化展开分析。

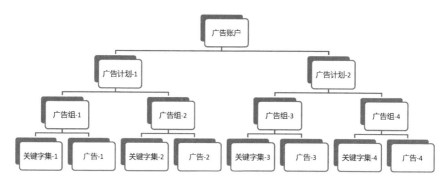

图 1.1　赞助搜索广告结构示例图

1.2　问题的提出和选题意义

1.2.1　问题的提出

从实际操作的角度来看,关键字管理是广告主在进行赞助搜索广告推广活动时面临的首要问题。在赞助搜索广告中,广告主必须选择和组织关键字、分配资源(如预算)并对其设置出价,以便将其广告显示在搜索引擎结果页面上,作为对搜索用户发出的相关查询的响应,并促使潜在消费者完成对广告展示的转化行为。在赞助搜索广告中,对于广告主而言,如何有效的组织管理关键字是赞助搜索广告推广活动中一个至关重要的问题。然而，目前赞助搜索广告的关键字管理中存在诸多挑战。

（1）在广告主的多个关键字与潜在消费者的某个查询词相关的情况下，关键字之间存在复杂的交互作用（Cao et al.，2021）。关键字之间的交互作用使关键字策略优化成为一个复杂的问题（Dhar and Ghose，2010）。在关键字策略优化中，广告主不仅要考虑广告和关键字之间的匹配，还需要考虑关键字之间的匹配。具体而言，在广告主感兴趣的特定目标关键字集合中，添加和删除关键字将改变赞助搜索广告活动的效果。但是，现有的主要研究假设每个关键字独立发挥作用，然后以这种独立关系的方式对关键字进行广告决策。带有这种假设的方法往往会高估某些关键字，低估其他关键字。因此，它们将不可避免地导致偏差，进而降低广告推广的效率。

（2）目前有关关键字决策的研究对主要搜索引擎定义的广告结构在关键字决策中起到的重要作用关注度不够。赞助搜索广告不同于传统的扁平化广告，是一种结构性广告形式（Yang et al.，2017）。具体来说，广告主在其相应广告账户下，运行一个或同时运行几个广告计划以实现预计促销目标，其中每个广告计划都包含一个或几个广告组，同时每个广告组又包含一个或多个广告以及一组共享的关键字集。在赞助搜索广告中，不同级别的关键字决策共同形成一个闭环的决策周期。来自较高级别决策的结果将成为较低级别决策的约束或输入，而较低级别的运营结果则会为较高级别的决策创建支持和反馈。在赞助搜索广告中，广告主需要选择一组感兴趣的关键字，并根据搜索引擎定义的广告结构（例如广告计划和广告组）来组织这些关键字。据我们所知，目前的关键字策略研究很少考虑主要搜索引擎定义的相关广告结构。但赞助搜索广告结构在关键字优化策略中扮演着重要的角色，对该结构的忽视会影响优化策略中赞助搜索广告的表现效果。

（3）赞助搜索广告环境和相关因素具有高度不确定性（Yang et al.，

2013)。也就是说，由于赞助搜索广告市场对有关关键字的实时信息的响应滞后，因此广告主必须在获得关键字效果指标信息之前做出与关键字相关的优化决策。正如 Mohr et al.(2010)所述，基于信息技术的高科技产业具有不确定性的共同特征，即市场不确定性、技术不确定性和竞争波动性(Xue et al.，2011)。同样，赞助搜索广告也面临着三类不确定性：来自市场噪音的干扰(即热门社会新闻使某些关键字的搜索量和点击量急剧增加)、技术发展带来的不确定性(即搜索引擎为提高展示广告的点击率改进其排名算法)以及源自竞争波动的不确定性(即赞助搜索广告市场中的广告主都可以任意调整其广告策略)。这样，由于赞助搜索广告市场的不确定性，关键字的表现参数具有随机性，关键字决策存在风险，广告主无法直接从利润最高的关键字中获得预期的全部利润。

(4)在专注于关键字决策优化时，广告主可能会失去对总体广告计划效果的控制(Li and Yang，2019)。例如，根据 Google Adwords(2019)的说法，在关键字级别出价可以增强对广告支出的控制，即无论关键字级别的出价是高于还是低于关联广告组的价格，它总是在拍卖时优先出现。[1]但是，如果广告主通过为每个特定关键字指定出价价格，对出价操作管理过于精细，则会浪费大量管理时间和计算成本。因此，对于广告主来说，在赞助搜索广告中寻找优化决策中个体和整体的平衡至关重要。

目前有关关键字研究的注意力主要集中在关键字生成(例如，Qiao et al.，2017；Zhou et al.，2019)和关键字选择(例如，Kiritchenko and Jiline，2008；Lu and Zhao，2014)上。从操作的角度来看，关于如何根据搜索引擎定义的广告结构来组织关键字的决策尚待探索，故我们提出以下三个重要的问题：

(1)基于随机优化的赞助搜索广告的关键字分组问题。本书将研究如何在搜索引擎特定的多层次广告结构下，在不确定性的赞助搜索广告

---

[1]　Google AdWords. Set your ad group default bid. Available at https://support.google.com/ google-ads/answer/2375408?co ＝ ADWORDS. IsAWNCustomer％ 3Dfalseandhl ＝ en. Accessed on July 18，2019.

市场环境中,将目标集合中的关键字分配到广告组中,以实现在满足广告主预算约束和风险容忍度的约束下,最大化赞助搜索广告的期望利润。

(2)基于随机优化的赞助搜索广告的关键字投资组合问题。本书将研究如何将金融的概念和理论应用于赞助搜索广告中,以通过利用当前市场的效率来最大化其投资回报。本书利用风险资产收益之间的相关性(即协方差),形成数学上有效的多元化投资组合,将金融投资组合理论应用于模拟赞助搜索广告关键字之间的交互关系,从而进行预算分配优化,达到在不牺牲潜在收益的情况下降低投资组合风险的目的。本书根据对金融市场和赞助搜索广告市场之间相似性和差异性的并行分析,探索如何将金融市场中的风险控制理念,适配到赞助搜索广告市场中的关键字分析和管理工作中,使得关键字组合通过在具有不同风险回报特征的基于市场的资产(即关键字)中进行有效的选择和分配,以此来优化赞助搜索广告计划的效果,旨在最大程度地提高赞助搜索广告利润的同时控制其投资组合中的风险。

(3)基于随机优化的赞助搜索广告的关键字层次综合出价问题。本书将研究广告主如何基于赞助搜索广告的结构,在广告组和关键字级别上设置出价,并找出涵盖这两个层级的可行出价策略,竞争搜索引擎结果页上的广告位,使赞助搜索广告的广告主能够在不确定性的广告市场环境中,满足广告主预算的约束下,最大化预期的赞助搜索广告利润。

1.2.2 本书意义

综上所述,在赞助搜索广告中,关键字是连接广告主、搜索用户和搜索引擎的重要桥梁,广告主需要做出一系列与关键字相关的决策。与其他形式的在线广告不同,赞助搜索广告主必须根据搜索引擎定义的广告结构来组织关键字。组织良好的关键字可以帮助广告主向潜在目标消费者提供其感兴趣的广告,促销其商品和服务,以此确保更多的流量和收入。庞大的搜索用户群体和巨大的搜索流量确保了赞助搜索广告发展所需的用户基础和需求支持,但随之也带来了赞助搜索广告市场的动态性、不确定性等问题,导致广告主在实际赞助搜索广告营销过程中面临诸多的挑战。目前,赞助搜索广告中关键字相关的研究工作,主要集中在关键词生成和关键字选择两个方面。从运营角度来看,尚未有研究探索如何根据搜索引擎定义的广告结构来组织关键字优化决策。因此,对于赞助搜索广告主而言,如何根据搜索引擎定义的广告结构,有效地组织其广告计划中的目标关键字集合是一个亟待解决的关键问题。因此,本书的目的是在赞助搜索广告不确定的市场环境和独特的层次结构框架下,基于随机优化的方法,帮助广告主组织管理关键字,具体包括:关键字的分组策略研究、关键字的投资组合策略研究和关键字多层次出价策略研究,使得具有不同风险偏好的广告主在相应的预算约束下能够最大化其期望利润。

本书的实际意义在于,在不确定的广告市场环境下,探讨了基于赞助搜索广告结构的关键字管理问题。本书讨论的问题是广告主在实际广告优化过程中必须面对的重要问题。为了实现广告主的促销目标,广告主在进行关键字优化的实践中需要基于主要搜索引擎(例如谷歌、必应和百度)定义的赞助搜索广告结构,考虑每个广告主相应广告账户、广告计划、广告组、关键字集合和广告文本间的结构关系。本书中的关键字分组策略研究为广告主构建广告组提供了有效的实践方法;关键字投资组合策略研究和基于广告组和关键字层次的出价策略研究,同样围绕赞助搜索广告中组织广告活动的日常运营基本单位——广告组——进行展开。上述研究可以帮助广告主更好地跟踪其推广活动中广告的效果。具体来说,广告主需要根据预先定义的一组关键字为每个广告组建立一个关键字列表,以便向目标消费者精确展示其对应的广告。当搜索者的查询词与广告组中的一个或多个关键字相匹配时,其关联的广告将被触发以显示在搜索引擎结果页面上。因此,使用广告组来组织关键字允许广告主向搜索类似事物的潜在消费者展示他们的广告。相反,对于广告主而言,如果其相应的广告组设置不正确,那么他的广告活动将很难接触到目标消费者。相较于优化或预测每个关键字的效果,广告主管理多个广告组更加方便。本书通过对赞助搜索广告结构的掌握,对关键字合理的组织,帮助广告主改进在关键字上分配广告资源的策略,并为广告主广告计划中广告文本撰写任务提供了基本的参照基础和组织框架。也就是说,本书能够帮助广告主组织良好的关键字结构,从而使广告主更容易撰写广告文本。关键字分组策略得到的广告组结构能够指导广告主对广告词的选择和广告文本的创作,在保证逻辑性一致的同时,在搜索阶段向潜在消费者展示其促销商品或服务时所需的内容,激发消费者购买转化,并确保更良好的用户体验。

本书的理论意义在于,在现有的学术研究中,有关赞助搜索广告结构的关键字随机优化策略研究的重要性一直被忽略,且高度不确定性的搜索广告市场环境使得相关研究十分具有挑战性。据我们所知,目前这个方面的文献很少。然而在广告主进行赞助搜索广告推广活动中,对赞助搜索广告结构的考量和基于随机规划解决关键字优化的不确定性问题的实践意义重大。本书的研究问题与广告推广活动的最终效果息息相关。此外,关键字分组策略、关键字的投资组合策略及跨广告组和关键字层次的出价策略的研究,是赞助搜索广告工作流程中不可或缺的重要组成部分,因此本书旨在学术理论领域弥合这一关键差距。

本书的具体贡献可归纳如下:

(1)本书通过研究搜索引擎定义的广告结构和赞助搜索广告推广活动中广告主面临的实际约束下的关键字优化问题,丰富了赞助搜索广告关键字优化决策相关的文献。不确定性环境下的关键字分组模型和相应的分支定界解决方案,可以被推广到关键字研究的其他类型问题以及与赞助搜索广告相似的关键字广告的其他相关决策场景中。

(2)本书探讨了金融投资组合理论框架下赞助搜索广告中的关键字组合决策,同时考虑广告推广活动中关键字之间的互动和广告效果方面的不确定性。通过关键字投资组合,选择和细分一组感兴趣的目标关键字集合,并根据细分结果和广告推广活动的预算水平,提供有效的关键字投资组合模型,并确定关键字和关键字聚类细分的有效投资组合前沿。

(3)本书对跨广告层次的广告组和关键字出价综合策略的研究可以加深广告主对赞助搜索广告出价结构的理解,填补赞助搜索广告中有关关键字层次性结构竞价相关领域的文献空白,加深研究者对赞助搜索广告活动生命周期的理解以及对赞助搜索广告市场不确定性环境的分析和度量。

1.3 主要内容与技术路线

1.3.1 本书内容与结构安排

本书共有六章,整体框架如图 1.2 所示,各章主要内容如下:

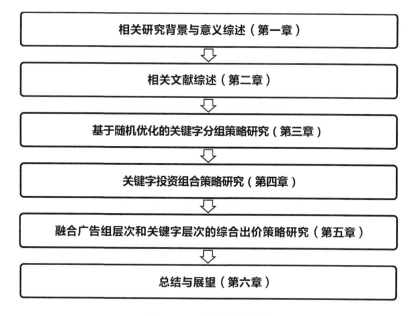

图 1.2 本书框架结构图

第一章为相关研究背景与意义综述。该章主要介绍了研究背景、问题的提出过程、研究的意义以及问题相应解决方案的技术路线,并对本书的整体结构和章节内容进行了归纳,总结了本书的创新工作。

第二章为相关文献综述。该章对赞助搜索广告中优化决策的文献进行了系统性的综述,主要包括以下三个方面:关键字优化决策、预算优化决策和出价优化决策,通过梳理现有文献的整体框架和细分脉络,在本章结尾对目前的研究主要方向和空白领域进行了有意义的总结,进一步说明了本书的主要研究内容与之前已存在相关研究的区别和本书中的研究在该领域的研究中所处的重要位置。

第三章为基于随机优化的赞助搜索广告关键字分组策略研究。本章探索如何在具有高度不确定性的赞助搜索广告市场环境中,将一个广告计划中的目标关键字集合分配到几个广告组中去。本章提出了一种用于关键字分组的随机规划模型,此模型将点击率和转化率作为随机变量,同时考虑了预算约束和广告主的风险承受能力。此外,本章还运用分支定界算法来求解上述关键字分组模型。本章从赞助搜索广告活动的报告和日志中收集了两个真实的数据集进行计算实验验证,以评估模型和解决方案的有效性。

第四章为关键字投资组合策略研究。本章在金融投资组合理论的框架下研究关键字投资组合策略,通过将关键字作为资产来构建关键字组合模型。我们由关键字的现金流量之间的协方差定义关键字组合的风险函数,在广告主的风险收益细分中对广告主的关键字进行聚类,并为关键字和关键字细分聚类构建有效边界,以满足各种风险盈利偏好。本章使用从现场报告和搜索广告活动日志收集的面板数据集,验证了模型和有效边界的可行性。

第五章为融合广告组层次和关键字层次的综合出价策略研究。本章考虑到广告效果的不确定性,建立可以应用于赞助搜索广告结构中广告组和关键字层级的随机出价模型。然后,为了平衡广告计划的预期利润与广告主的计算成本(运营时间),我们开发出一种综合出价策略。本章使用从现场报告和搜索广告活动日志中收集的面板数据集,进行计算实验以评估模型的有效性。

第六章为总结与展望。这一章对本书的所有工作进行了全面的总结,介绍了所有研究结果、主要结论和重要贡献,然后对赞助搜索广告决策相关的未来研究进行了展望,提出了极具潜力的重要研究方向。

1.3.2　技术路线

本书遵循"介绍背景—提出问题—建立模型—算法求解—实验验证—管理启示"的路线,旨在通过分析赞助搜索广告背景下广告主实际面临的问题,并将问题抽象成为数学模型后,用合适的算法求解,并进行计算实验以验证上述模型和算法的有效性,最终得到有意义的管理启示。本书的研究问题围绕搜索广告中关键字的分组策略、投资组合策略和综合出价策略展开,相应技术路线如图 1.3 所示,大致内容如下:

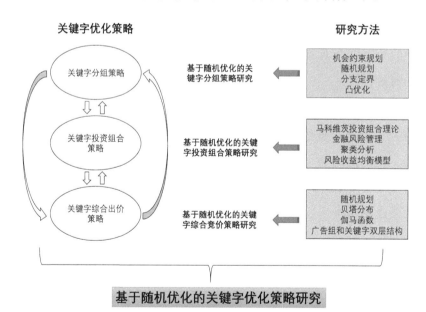

图 1.3　主要问题与技术路线

（1）基于随机优化的关键字分组策略研究,拟采用随机规划的方法,将点击率(click through rate,CTR)和转化率(conversion rate,CVR)作为随机变量,以最大化赞助搜索广告活动的预期利润为目标,使用机会约束的概念来描述在不确定性的赞助搜索广告市场环境中,一定程度上满足预算约束的概率,并用广告计划层次中每单位预算上的利润方差来衡量广告主的风险,以实现预期利润和风险的平衡。此外,本书还开发了一个分支定界解决方案流程来解决以上的关键字分组模型。

（2）基于随机优化的关键字投资组合策略研究,拟采用多目标规划方法,通过将关键字作为资产来构建关键字投资组合模型。具体地,关键字投资组合的风险函数由每对关键字的相关性定义,即两个关键字的现金流之间的协方差。假设广告性能的协方差反映了关键字之间的潜在交互(例如互补和替换)。本书参考金融资产的分类方式,根据关键字的利润和风险特点对其进行聚类。根据聚类结果,为关键字和细分类别构建有效的投资组合前沿,以满足广告主不同的风险利润偏好,并使用二次规划的方法求解本书构建的模型。

（3）基于随机优化的关键字综合出价策略研究,拟采用随机规划的方法,给定固定的竞标价格,将广告排名视为 beta 密度的随机变量并用伽马函数表示,并引入竞争指数。本书定义广告支出为随机变量,建立预算约束下的期望利润最大化的广告组和关键字出价模型。此外,本书将关键字数量视为计算成本的指标,在计算成本的约束下,建立综合广告组层次和关键字层次的综合随机出价模型,并使用内点法对本书提出的模型进行求解。

在赞助搜索广告中,这三种不同的关键字优化策略紧密相关。具体来说,对于关键字分组策略研究,关键字分组后形成的广告组是关键字投资组合策略中关键字聚类和资源分配的基本单位,也是关键字出价策略的基本结构构成;对于关键字投资组合策略研究,关键字投资组合策略得到的在广告组和关键字层次上的权重,形成了对关键字分组策略和关键字出价策略的约束;对于关键字出价策略研究,关键字的出价策略会改变关键字在赞助搜索广告中的表现参数从而影响关键字的分组策略和关键字的投资组合策略。综上所述,关键字分组、关键字投资组合和关键字出价这三种策略互为反馈、相互影响,共同构建了一个整体的赞助搜索广告关键字策略优化框架。

1.4 主要创新点

本书的主要创新体现在以下四个方面:

(1)本书通过考虑赞助搜索广告中关键字之间的相互作用,避免了目前关键字优化策略研究中,因独立看待关键字表现而造成的估计偏差,降低了其对赞助搜索广告推广效率的负面影响。本书通过对总体广告计划效果的控制,把握了单个关键字表现参数和总体赞助搜索广告表现之间的平衡。具体而言,本书在赞助搜索广告关键字优化策略中,通过关键字间收益的协方差定义风险函数,据此反映关键字之间的潜在交互作用(例如互补作用和替换作用),并将风险函数放入赞助搜索广告关键字策略的优化模型中。

(2)本书通过考虑赞助搜索广告的结构性特点,优化了赞助搜索广告推广效果。赞助搜索广告不同于传统的扁平化广告,是一种层次化结构性广告形式。但目前很少有研究在关键字优化决策中考虑到主要搜索引擎定义的广告结构对广告效果的影响。本书论证了赞助搜索广告结构在赞助搜索广告关键字决策中的重要性,并将关键字分组、关键字投资组合和关键字出价等多个赞助搜索广告关键字优化策略放在搜索引擎定义的广告结构中进行分析。研究结果表明,赞助搜索广告的边际利润不一定随预算增加呈现出边际递减效应,最佳关键字策略是各种广告因素之间多方面权衡的结果。这些发现有助于广告主更好地理解关键字研究和赞助搜索广告结构,使广告主在实际关键字优化操作中有据可循,为赞助搜索广告中的关键字管理提供了重要的启示。在这些启示的指导下,广告主能够有效地调整相应的关键字优化决策。

(3)本书考虑了赞助搜索广告市场的不确定性特征,使关键字优化模型更贴合赞助搜索广告实际决策场景,通过随机优化的方法求解,最大限度地提高赞助搜索广告的预期利润。具体来说,在关键字分组策略中,本书将点击率和转化率作为随机变量,使用机会约束的概念来描述在一定程度上满足预算约束的可能性;在关键字投资组合策略中,本书针对具有不同风险偏好的广告主,基于现代投资组合理论框架,通过将关键字作为资产来构建关键字组合模型,同时考虑关键字之间的相互作用以及广告效果方面的不确定性,并依据关键字的利润和风险特点对其进行聚类,为关键字和细分组合构建有效的投资组合前沿,以满足广告主不同的风险容忍度偏好;在关键字出价研究中,本书将赞助搜索广告中广告主目标关键字集合中关键字对应的广告排名视为随机变量,并用 beta 密度表示,在预算约束下,构建基于关键字层次和广告组层次的随机出价优化模型。

(4)本书为赞助搜索广告中的关键字分组、关键字投资组合和关键字综合出价一系列决策分别开发了相应的随机优化模型,运用了分支定界、内点法等算法对模型进行求解,并通过一系列计算实验验证了本书中所提出的关键字优化策略的有效性。本书中的赞助搜索广告关键字优化模型对应的算法和相关实验结果以及由此得到的重要管理启示,都可以推广到其他关键字研究和关键字相关广告形式(例如社交媒体广告)的类似决策场景细分问题中,帮助不同类型广告的广告主实现更好的广告效果。

2 相关文献综述

2.1 相关文献综述内容框架

在赞助搜索广告领域，根据赞助搜索广告活动的生命周期，广告主需要做出一系列不同的优化决策。不同类型的广告策略互相依赖与约束，共同影响广告活动的最终效果。本书相关文献综述内容框架如下：

第一节围绕关键字优化相关研究展开，目前有关赞助搜索广告中关键字优化的研究主要集中在关键字生成（旨在生成特定于领域的目标关键字池）和关键字选择（从特定领域的目标关键字集合中选择一组更准确的关键字，以便更好地向潜在目标消费者展示合适他们的产品或服务相应的赞助搜索广告）两个方面。因此，本节分别对关键字生成相关研究和关键字选择相关研究进行总结。

第二节讨论了赞助搜索广告预算相关研究，赞助搜索广告的预算分配策略是由传统广告预算研究发展而来。对于广告主而言，赞助搜索广告的策略制定需要在预算限制下完成（Küçükaydin et al.，2020；Balseiro et al.，2021），如何高效地分配有限的广告预算是一项极其重要的工作。在赞助搜索广告的整个生命周期中，预算决策发生在三个层面：跨搜索市场的分配层面、在一系列时段的时间分布层面和调整剩余预算层面。本书回顾了具有代表性的传统广告预算分配研究，并逐步扩展到赞助搜索广告市场中相应的预算优化策略研究工作。

第三节着重于赞助搜索广告出价策略相关研究,出价是计算广告程序化交易中最重要的形式之一,确保广告主在正确的时间以正确的价格将正确的信息传递给合适的人(Liu-Thompkins,2019)。本书首先定义关键字竞价过程中的问题,然后介绍与该问题紧密相关的具有代表性的重要研究。

第四节总结了现有的赞助搜索广告优化决策相关研究,揭示了文献中存在的空白领域,引出了本书的三个主体研究内容,即赞助搜索广告中基于随机优化的关键字分组策略、关键字投资组合策略和关键字综合出价策略,并对三者之间的关联性进行了阐述和梳理。

2.2 赞助搜索广告中关键字优化相关研究

赞助搜索广告市场的繁荣也促进了关键字领域的相关研究。Yang et al.(2019)提出了一种用于关键字优化的多层级闭环计算框架,具体包括:关键字生成、关键字选择、关键字分配和分组及关键字调整四个部分,以支持赞助搜索广告中的各种关键字决策场景,并开发了相应的优化策略。目前该领域的研究主要集中在前两个部分,即关键字生成和关键字选择,故本书文献综述中有关关键字优化的部分,就对与关键字生成、关键字选择相关的现有文献进行了梳理。

2.2.1 赞助搜索广告中关键字生成相关研究

某个领域或行业中的广告主需要建立和维护一个较大的相关关键字集合,该相关关键字集合帮助广告主通过赞助搜索广告对其产品和服务进行促销。因此关键字生成策略的输出是一个包含大量目标关键字的集合。通常,关键字生成策略起始于广告主向相应电商或其他服务网站提供的种子关键字,然后通过各种方法获取一组尽可能全面和相关的代表目标市场领域知识的关键字集合(Nie et al.，2019)。从这个意义上来说，关键字生成也可以被称为关键字扩展，因为目标的相关关键字集合可以通过一个或多个种子关键字经过扩展得来，而最终所生成的相关关键字集合可以被视为广告主的扩展业务描述。在现有文献中，已经存在大量的研究工作通过关键字生成帮助广告主接触潜在的目标消费者(例如，Yih et al.，2006；Scholz et al.，2019；Yang et al.，2019)。

关键字研究属于计算广告研究中的一个重要分支，是一个跨学科的研究领域。一方面，Yang et al.(2017)指出计算广告的相关研究中"内部"和"外部"研究者之间存在明显的学科差异。也就是说，除了几个极少数值得注意的例外，信息技术和统计领域(即外部)的研究人员采用的数据驱动的关键字研究计算技术很少受到广告和市场营销研究者(即内部)的关注。然而，在面向信息技术的期刊和会议中已经报道了对关键字研究的重要贡献。可能的原因是，大多数营销和广告研究人员致力于传统的营销研究，而不是在线等效研究，即在线广告的关键字研究。另一方面，在现有的关键字研究文献中，对于相关概念没有统一的定义，特别是一些重要术语在不同的论文中具有不同的定义。例如，关于关键字生成，一些研究使用关键字建议(例如 Chen et al.，2008)来表示它，一些研究使用关键字推荐(例如，Zhang et al.，2012；Kuo and Yoshiura，2018)，还有一些研究使用关键字提取(例如，Yih et al.，2006；Zhou et al.，2007；Wu and Bolivar，2008)。由于上述问题情境基本相似，故该部分不对它们进行区分，统称为关键字生成问题。

不同类型的关键字对广告主相应赞助搜索广告活动效果的影响具有明显的差异，如品牌关键字对竞价活动的影响指标包括：点击数、每点击价格、利润、订单数、成本等。一些研究致力于找到一种能为广告主生成所需相关关键字集合的优质策略，例如，通过与文本广告类似的方法从页面中抽取关键字。Yih et al.(2006)系统地分析了一组信息提取技术，以确定哪些关键字是相关的。该方法使用每个潜在关键字的术语频率、反向文档频率、元数据中的存在性以及该术语在搜索查询日志中出现的频率等数据,学习从网页中提取关键字以进行广告定位。该系统使用一组人工标记的示例页面进行训练,之后它可以从预先看不见的页面中提取新的关键字。该方法的精度明显优于多个基准方法。他们阐述了一种利用 TFIDF 特征、网页元数据和查询日志文件的基于学习的方法,其性能明显优于 TFIDF 模型、具有学习权重的扩展 TFIDF 模型以及关键字提取系统(Frank et al.,1999)等基准方法,甚至接近人工标注的表现水平。

另一些研究通过关键字的某些特征来帮助广告主选择关键字。雅虎研究院的研究人员通过对本公司历史数据的处理来分析关键字的特征权重帮助广告主选择关键字(Radlinski et al.,2008)。逻辑回归和协同过滤都是信息检索和推荐系统领域常用的方法,有研究将其运用在关键字生成领域,预测一系列关键字的推广表现,来帮助广告主发现与其产品或服务相关的关键字。关键字之间以及概念之间的相似度是基于域语义和概念层次结构的关键字生成中的核心概念,也称为基于相似度的方法。Abhishek and Hosanagar(2007)通过选择相关但不那么热门的关键字替代传统广告主对搜索量大、高成本高价格的关键字的购买,从而产生相同累积流量的同时降低广告推广活动的成本。本书通过构建上述关键字生成问题的数学公式,以及从种子关键字推荐生成相关关键字的方法,基于网页的内核函数在术语之间建立语义相似性,然后遍历相似性图以生成相关但更便宜的关键字。该方法结合了二节字段的技术,并根据该关键字生成问题的结构进行了适当的调整。本书的实验结果表明通过该方法生成的关键字与种子词相关度高的同时与起始关键字又存在着明显的差异。据观察,随着语料库大小的增加,关键字建议的质量也得到改善。

还有研究者通过建模的方式提出综合自适应的近似算法,运用期望收益和关键字成本进行对比来生成关键字(Rusmevichientong and Williamson,2006)。很多方法通过确定所有可能的用户查询与给定的广告登录页面的相关性并侧重于从使用 NLP 和基于排序的技术从页面提取(并扩展)的一小组短语中提取关键字,Agrawal et al.(2013)避开了上述研究范式,证明可以通过将关键字生成问题作为多标签学习任务来有效地预测来自大量查询的相关子集,其中每个查询由单独的标签表示。该研究通过开发多标签随机森林的方法,解决百万级数据标签问题。该方法免除了对人工标准的需求,从广告的历史点击日志中自动生成分类器的训练数据,通过一种稀疏的半监督多标签学习模型自动处理采集过程中的训练集偏差和噪声问题。实验结果表明该方法相较于传统自然语言处理技术具有显著的收益。该研究开发的多标签随机森林分类器避免了特征和标签空间的压缩,能够在较短时间内有效的执行细粒度出价短语建议。该研究论证了投标短语推荐可以作为多标签学习任务,用数百万个标签学习具有可操作性且结果是准确,该方法为赞助搜索广告中的关键字生成技术提供了一种潜在的不同方式的思考路径。

基于查询日志的竞争性关键字建议方法,使用关键字和查询日志捕获的隐藏主题信息之间的间接关联来推荐有竞争力的关键字。Qiao et al.(2017)提出了一种基于主题的关键字生成方法帮助广告主在搜索引擎平台上推出有竞争性的广告。该方法通过利用赞助搜索广告查询日志中的竞争性关键字概念来制定竞争广告,为广告主提供了更加新颖的关键字选择方式,拓宽了关键字选择的范围。广告主借此避开传统方法中对通用流行关键字进行的竞价趋势分析,采用更准确、更可区分的方式支持广告主的赞助搜索广告推广活动。该研究通过广泛的计算实验证明了该方法的有效性。流行关键字虽然具有搜索量大的特点,但价格比较昂贵。因此,广告主更倾向于选择一些搜索量较小且非显而易见的关键字。这种关键字比流行关键字便宜,但是却能带来与之相近甚至更高的收益。因此,有必要进一步根据关键字权重或相关性等特性推荐相关性较高的、具有盈利价值的、结构良好的关键字来构建搜索竞价广告。此外,还有研究通过使用知识库为机器赋予人类可用的知识广度帮助解决需要人类智能完成的技术性营销问题,提出基于维基百科的新算法来为短文本页面或搜索营销推荐关键字。维基百科中存在大量的信息能够帮助研究者发现各种概念之间的重要关系，从而推荐出现频率不那么高的非热门关键字，这类关键字价格便宜，同时具有广告主所需的相关性。例如，Jadidinejad and Mahmoudi（2014）利用以维基百科为知识库的相关性语言模型，提出了一种关键字生成方法。该模型通过利用维基百科的歧义消除页面、重定向页面、交叉引用和链接结构来对歧义查询的不同词义进行分类。他们的实验结果证明了该方法的可行性，同时相较于之前研究中的方法，该方法在语义方面更加独立且包含专业词汇，具有更高的计算效率。

关键字生成是赞助搜索广告优化策略的重要组成部分，从不同的媒介中抽取或者生成关键字是主流的关键字生成技术之一，主要包括广告主的登陆页面和搜索引擎的查询日志。Schwaighofer et al.（2009）提供了一种有效的贝叶斯在线学习模型，并将其具体应用于在线广告，将学习到的模型为给定广告推荐关键字。他们基于两个广告数据集的实验表明，由于算法成本低，所得算法适合于数据流。Wu and Bolivar（2008）探索了针对关键字生成问题的机器学习方法，结合文档、文本和电子商务平台的特定功能，提出使用从人类标签数据中学习的线性逻辑回归模型的解决方案。此外，该研究还提出了一种解决方案以消除关键字歧义的问题。

然而，通过登录页面和搜索引擎的查询日志生成的关键字集合并不能保证其中关键字的数量和相关度可以满足广告主的推广要求。且对于生成的关键字集合不仅需要普遍的热门关键字，同时广告主还应当尽可能多地考虑非流行性关键字，以此使整个赞助搜索广告推广活动最终表现效果能更具高性价比。不同类型的关键字对广告主的影响各不相同，流行关键字对广告主间接销售额影响较大，而长尾关键字则对直接销售额的影响较明显（Lu and Zhao，2014）。关键字生成的研究能够帮助广告主选择相关的但非显而易见的关键字，Sarmento et al.（2009）通过挖掘历史推广活动中广告的数据库来推断关键字之间的同义词,并使用这些信息向广告主建议相关且非显而易见的关键字,或者通过候选关键字识别方法使用位置信息、领域知识和频率信息来从文档中的短语中选择潜在候选关键词,并且通过关键字排名程序提供了自动词义歧义消除的功能。实验结果表明该方法能为广告主带来更高的点击率。

上述关键字选择的研究工作主要依赖于赞助搜索广告中关键字之间的统计共现关系,忽略了关键字在概念层次的语义关系。Joshi and Motwani(2006)利用语义分层信息,提出了一种被称为 TermsNet 的方法,构建基于语义关系的有向图来度量关键字之间的相关性,并通过观察图中相邻关键字得到非显而易见的相关关键字。实验结果证明,TermsNet 方法能够为赞助搜索广告的广告主生成非主流的相关关键字,且该方法构建的关键字网络可以储存关键字网中的术语频率信息并将其用作关键字推荐排名因素来进行扩展,从而将关键字词频融合到当前设置中去。通过迭代的方式扩充 TermsNet 以提高关键字推荐的召回率,探索关键字之间长距离的关系。Chen et al.(2008)提出直接借助语义信息概念层次推荐关键字,以提高关键字生成的准确性和覆盖面。该方法根据广告主的实际目标而不是查询关键字来生成新的关键字。具体而言,首先将给定的种子关键字与一些相关概念匹配,其次使用高质量的网页开放目录相关的层次结构概念来扩充关键字的含义,最后根据概念信息而不是关键字本身的统计信息开发算法,并通过权重标准开发一个概率框架来对不同概念的相似性进行排序,根据相关概念估计短语之间的相似性来生成新的关键字。研究通过计算实验验证了该基于语义的关键字生成方法的有效性和相关概念分类的准确性。

基于领域语义和概念层次结构的关键字生成方法的质量在网页页面和语料库的来源之间会有所不同。此外,由于网页中的信息量很大,因此要建立概念层次结构并应用相似性和邻近性度量,将需要大量的计算工作。此外,在许多情况下,基于语义的方法建议的关键字可能无法捕获搜索用户对广告主商品或服务的购买意愿。总的来说,上述任意一类关键字生成方法都不能为赞助搜索广告关键字生成问题提供完美的解决方案,它们各自都具备自己的优点和缺点。因此,本书应根据具体的决策场景和广告主的特定需求,选择合适的关键字生成方法,或者将这些方法结合起来,以达到广告主最终的目的。

2.2.2 赞助搜索广告中关键字选择相关研究

在赞助搜索广告中,生成大量的相关关键字后,广告主需要在该集合中选择最合适的关键字形成小范围的目标关键字集合,以此防止广告主定位错误的消费者群体,导致广告预算被浪费,使广告主最终的投资回报表现不尽如人意。由于大部分情况下,广告主的每日广告预算有限,因此广告主希望将这笔钱花在最赚钱的关键字上。一些学者使用关键字选择来表示缩小特定领域的目标关键字集合的过程,以便精确地定位潜在客户(例如 Rusmevichientong and Williamson,2006),而另一些学者则使用它来表示从网页或搜索日志中提取关键字。我们还发现,有些研究使用关键字建议来表示关键字选择(例如 Zhang and Qiao,2018)。这种现象可归因于关键字研究的跨学科性质。

根据 Rusmevichientong and Williamson(2006)的观点,关键字选择过程有两个方面的权衡。一方面,在只选择了较少数量的关键字没有使用全部广告预算错失获得更多利润的机会,与选择过多的关键字使得预算过早耗尽从而失去了从后面更多可获利机会中获得点击的机会之间的权衡;另一方面,广告主必须平衡在选择基于过去表现而产生高平均利润的关键字与选择先前未使用的关键字之间的权衡。这通常在机器学习文献中被视为"利用"(已知良好选项)和"探索"(未知选项可能比已知选项更好)间的平衡。因此,他们制定了一个关键字选择模型,并开发相应算法,该算法根据前缀对关键字进行优先排序,按照固定每日预算和未知点击率相应的利润和成本比例,对关键字进行降序排序。实验结果表明该算法产生的平均预期利润可以收敛到搜索引擎广告中接近最优的利润。此外,该算法的收敛速度与关键字的数量无关,并且可以使用问题的参数进行缩放。广泛的数值模拟表明,该算法优于现有方法(例如多臂强盗算法),增加了约7%的利润。Rutz et al.(2012)使用贝叶斯技术构建二元逻辑模型,以克服标准付费搜索数据固有的稀疏性问题,以便根据估计的每次转换成本选择最佳关键字。他们的模型表明,关键字的转换率取决于许多因素,如点击率、付费搜索结果列表中的位置以及关键字的语义特征等。

与以上研究关注广告主购买的关键字不同,Kiritchenko and Jiline (2008)分析了实际搜索环境下潜在消费者们使用的搜索查询词。在更大的搜索环境下,他们的方法能够优先考虑原始关键字以及使用高度预测词扩展的关键字。通过分析关键字的有效性以及构成用户查询的所有单词和短语的有效性,他们建议利用应用于包括过去用户查询的所有可能单词组合的集合以及特征选择技术来优化广告关键字。具体地,首先从可用搜索查询中生成一组所有可能的单词和短语。其次,应用特征选择方法来对短语的历史数据的有效性进行排序。再次,选择高质量的短语以最大化广告活动的利润。最后,生成的短语列表将转换为一组改进的关键字。与之前在该领域的工作不同,他们的方法不仅能识别利润最高的关键词,还能发现这些关键字和其他相关词语更具体的组合。

上述研究为广告主如何选择关键字提供了定量解决方案,此外还有一系列研究对关键字选择问题进行了定性分析。Ji et al.(2010)认为从大量可能的候选关键字中选择合适的关键字具有挑战性,因为即使该关键字集合的总数相对较少,广告主也难以同时对所有的投标关键字进行优选。大多数关键字无法产生稳定的广告表现,只会不断地消耗广告主有限的广告预算。因此赞助搜索广告中,关键字的选择对广告预算的使用情况有着显著的影响。尽管关键字选择的重要性如此明显,然而广告主在实际操作中仍然缺少原则性的理论指导。从业者主要依靠主观经验和一些简单的实验来选择关键字。由于赞助搜索广告相关关键字数量庞大,传统关键字选择方法不仅效率低下且耗时较久。因此,他们的研究构建了一个统计模型,将广告效果与关键字特征联系起来,并使用来自中国服务网站的真实数据集进行模型测试。关键字的解析特征同样会影响广告效果,且有助于广告主在赞助搜索广告中进行关键字的选择。Lu and Zhao(2014)指出,通过赞助搜索广告进行的产品销售依赖于描述产品关键字的有效选择。他们研究了在赞助搜索广告中使用不同类型的关键字如何在消费者交叉购买的情况下影响在线销售。关键字的选择对于赞助搜索广告的表现至关重要,因为不同类型的搜索关键字经常被具有不同购买意图的消费者使用。他们的研究区分了一般关键字和特定关键字,并明确考察了它们如何影响卖家的直接销售和间接销售(交叉销售)。此外,他们还考虑了一般关键字和特定关键字的影响是如何根据产品类型来进行调节的。这些发现为相关领域的研究提供了重要的理论贡献,并为广告主在赞助搜索广告中的关键字选择优化提供了实际意义,并最终提高了赞助搜索广告的投资回报率。

广告主需要根据消费者的参与程度选择付费赞助搜索广告中的关键词。Kim et al. (2012)研究了展示数、点击率、转换率、竞争者的数量以及在线客户评论的数量等多个因素对单个关键字表现效果的影响。结果分析表明,无论是否涉及消费者,转换率和评论数量都会显著影响单个关键字的表现效果,但点击率却不会。另外,展示数的影响和竞争者的数量部分地取决于消费者的参与和存在。这项研究从广告主的角度出发,根据消费者的参与情况,对赞助搜索广告平台下关键字的选择优化决策提供了有意义的管理见解。

在赞助搜索广告中,品牌名称通常由品牌所有者或竞争对手选择并作为关键字购买。Rosso and Jansen(2010)调查了一种被称为"搭顺风车"(piggybacking)的现象,即使用某家公司的品牌名称进行搜索的消费者,在搜索结果页面看到的是搜索品牌竞争对手相关产品或服务的广告。

不过经过他们的研究发现在广告文字中使用这些商标用语的频次并不高。因此,这种品牌竞争性关键字选择并不是一种欺骗性的流行普遍现象。为了了解公司购买自有品牌名称或竞争对手品牌名称作为关键词的战略利益和成本,Desai et al.(2014)根据竞争对手的广告是否存在于同一结果页面上模拟赞助搜索广告的效果。他们发现品牌所有者和竞争对手之间的质量差异会对两家公司的关键字购买决策产生影响。在某些情况下,公司可能只是为了保护自己免受竞争对手的威胁而购买自己的品牌名称。品牌所有者也可能通过购买自有品牌关键字来减缓竞争对手购买相同的关键字造成的负面影响。该研究结果还表明,对竞争对手的品牌名称进行竞标会使参与到竞争中的公司陷入囚徒困境,因此两家公司的情况可能会因此变得更糟,而搜索引擎平台会得到该博弈中产生的利润损失。当潜在消费者搜索通用关键字而不是品牌关键字时,相应的研究结果存在差异。他们通过对 Google AdWords 中实际购买模式的观察,为相关理论找到了相应实证支持。此外,在 Nerlove-Arrow 广告框架的基础上,Rutz and Bucklin(2011)提出了一种动态线性模型,以捕捉从通用到品牌付费搜索的潜在溢出效应。在该模型中,通用关键字对应的赞助搜索广告用于向用户展示有关品牌能够满足其需求的信息,从而提高潜在消费者对该品牌进行进一步深入搜索的意识。反过来,这一现象可以为包含品牌名称的关键字广告带来额外的展示和点击流量。使用贝叶斯估计方法,作者将该模型应用于实际付费搜索广告活动的数据。实验结果表明,通用搜索活动通过相关性意识对未来的品牌搜索活动产生积极影响。但是,品牌搜索不会影响通用搜索,这表明该溢出效应是不对称的。这些发现对于理解互联网上的搜索行为和赞助搜索广告的管理具有重要意义。

广告主能够影响品牌关注的重要决策是选择与广告相关联的关键字,影响其在结果页面上的展示位置。Luo et al.(2011)报告了一项实验,该实验调查了赞助搜索广告投放如何影响搜索用户的品牌召回和认可。实验结果显示,与语境相关的赞助搜索广告相比,语义相关的赞助搜索广告产生的品牌关注度将显著提高。在赞助搜索广告位置,关键字关联和搜索结果质量之间发现了显著的交互效果。

2.3 赞助搜索广告中预算优化相关研究

在较早的研究中,营销从业者经常使用启发式方法来确定广告预算。预算问题长期以来也是学术研究的重点,大量工作侧重于优化静态环境中单个产品的预算,最早和最有影响力的贡献是 Dorfman and Steiner (1954) 的研究。当同时设置多个营销组合变量的最优水平时,它们得出必须保持静态利润最大化的必要条件,该解决方案为预算分配问题提供了重要的启发,但没有为实施营销实践提供明确的指导。另外,该研究没有考虑市场的动态性和跨国家、跨产品公司的特点。后来有研究论文采用动态观点研究预算分配问题,如考虑动态寡头竞争下广告和促销之间的互动效应(Naik et al., 2005)。然而,这些研究的重点仍然是单一的产品。由于预算资源有限,上述研究没有告知如何同时为几种产品设定预算,这个问题只能通过综合分配方法来解决。在此基础上的相关研究认为,通过对不同产品或地区更好的分配来提高的利润,要高于改善预算总量得到的利润提升。

赞助搜索广告的预算分配策略是由传统广告预算研究引申而来。对于广告主而言,赞助搜索广告的各种优化策略的制定需要在预算限制下完成(Abrams et al., 2007),如何高效地分配有限的广告预算对广告主而言是一项极其重要的工作。部分研究侧重于最大化广告主从关键字广告所获得的利润价值。广告主通常会计划固定的总体每日预算,在该总体预算的限制下,广告主必须通过选择要使用的关键字然后决定为每个关键字分配多少资金来尽可能高效地分配预算。Özlük and Cholette (2007)研究构建并检查了这个选择和分配过程的模型。他们的研究表明增加特定关键字的出价而不是对另一个关键字进行出价的权衡取决于这些关键字的点击率和响应函数的价格弹性。特定关键字为广告主产生的价值越高,其出价相对于其他关键字的出价应该越高。预算和响应函数的具体形式,除了弹性外,对关键词之间的出价比率都没有任何影响。此外,他们的研究解决了广告主应在何时增加使用关键字数量的问题。如果选择的关键字足够集中能够防止市场间的交互,则研究表明在投资组合中,在一些阈值的约束下,添加更多关键字总是有利于提高广告主的盈利能力。该研究还为在弹性恒定的假设下,计算附加关键字的影响提供了理论支持。

由于赞助搜索广告市场具有动态性的特征,为得出赞助搜索广告预算分配的最优解,各种动态规划方法被用于解决广告预算的分配问题,如多产品的广告预算分配问题和通用网站和专业门户网站之间的广告预算分配问题。Fruchter and Dou(2005)运用动态规划方法来解决最优化预算分配问题,其结论表明,预算分配策略非线性地依赖于目标受众、平均点击率和网站的广告效果,因此建议广告主将更多预算投入专业门户网站中以实现长期点击量最大化。

还有研究关注赞助搜索广告中多个策略的联合优化问题,比如竞标价格和广告预算的联合分配问题。在赞助搜索广告中,广告主可以创建多个广告计划,并为每个广告计划设置预算。在广告计划中,广告主可以进一步创建几个广告组并设置相应的目标关键字和出价,故广告主需要同时处理大量的广告计划、竞价关键字和出价,如何组织好其广告推广活动结构框架对其最终的广告表现效果具有极大的影响。Zhang et al.(2012)研究了预算分配和投标价格设置的联合优化问题。他们提出了广告排名的概率模型,并提出了一个整数优化问题,在广告主总预算和竞价变动范围的约束下,以最大限度地提高广告主的预期收入。研究结果表明,通过交替处理二进制整数优化问题和另一个约束优化问题,可以大致解决预算分配和投标价格设置的联合优化问题且该研究提出的算法可以在多种评价指标和赞助搜索广告收入方面增强广告主的表现效果。

除了上述动态性,赞助搜索广告预算分配问题还具有多层次结构性的重要特征。在赞助搜索广告的整个生命周期中,预算决策发生在三个层面:跨搜索市场的预算分配决策、在一系列时段的时间分布下的预算分配决策、每日预算中剩余预算的调整策略。在之前的工作中,Yang et al. (2013)介绍了基于上述分层预算优化框架的原理来处理搜索营销环境中不确定性的一些初步工作。本书提出了一种随机的、风险约束的预算策略,通过考虑每单位成本的随机点击次数来捕捉广告计划层次的不确定性。Yang et al.(2014)使用最优控制技术提出了一个动态多广告计划预算分配方法,考虑了广告计划间的替代关系;提出一种三维指标测量活动之间的替代关系,即广告计划内容的重叠程度、促销阶段和目标区域;同时也研究一些理想的属性和预算模型可能的解决方案。Yang et al. (2015)开发了一个新的预算分配优化模型,该模型能够在多个赞助搜索广告市场和有限的时间范围内对广告主的预算进行优化。考虑到赞助搜索广告的独特性能(包括质量得分和动态广告效果),该研究开发了一个特定的广告响应函数,为该预算模型提供了一个可行的解决方案并研究了它的相关性质。该研究通过实际数据进行计算实验,以评估预算模型的有效性并进行参数敏感性分析。实验结果表明,该预算分配策略明显优于几种基准策略。该研究为赞助搜索广告中的广告主提供了启发性的管理见解。

2.4　赞助搜索广告中出价优化相关研究

出价是计算广告程序化交易中最重要的形式之一,确保广告主在正确的时间以正确的价格将正确的信息传递给合适的人(Liu-Thompkins, 2019)。不同于传统竞价中最高出价者赢得胜利,在赞助搜索广告的竞价过程中,只有出价足够高且具有良好广告效果(例如高点击率、积极的广告参与度)的广告主能够赢得竞价。由于广告效果是帮助广告主赢得竞价的重要因素之一,因此有关点击的预测是竞价优化中不可回避的研究问题(Xu et al.,2021;Fei et al.,2021)。另外,转换预测也与之相关,相关研究通常集中于预测用户点击后的动作,如:在线购买、账户注册、服务订购等(Fong,2017;Gharibshah et al.,2020)。得到广告效果的预测结果后,广告主基于表现参数进行竞价优化。基于先前的广告表现效果分布,Lee et al.(2013)提出了一种在线方法,以自适应的方式,选择高质量的展示并调整投标价格,以实现随时间平均花费预算的同时优化广告的转换性能。然而,对竞价的优化不能完全倚仗于关键字参数的表现。

有研究表明最佳出价与展示广告效果评估指标(如点击率、转化率)具有非线性关系(Zhang et al.,2016)。故在进行投标价优化的过程中,广告主应该以获得更高的展示次数为目标,而不是将注意力放在一小部分高价值的广告展示机会中。因为根据当前实时竞价的市场数据,与评估得分较高的展示次数相比,评估得分较低的展示次数性价比更高,它能以较低的价格赢得更多的展示机会,提高获得期望转化的概率。

由于广告市场充满不确定性,该参数估计结果不一定完全准确。广告主需要在动态实时的环境中,通过竞价优化达到广告效果,通过将投标决策过程转化为强化学习问题。具体来说,在相应强化学习算法中,状态空间由竞价信息和活动的实时参数表示,动作是要设置的投标价格。通过对竞价的状态转换进行建模,Cai et al.(2017)构建了一个马尔可夫决策过程框架,用于学习最优出价策略。此外,还有一些有关实时竞价其他相关问题的研究。Lee et al.(2013)专注于出价的节奏问题,其目标是平均的花费其广告计划的预算。

在赞助搜索广告优化中,广告主同样需要通过竞价,最大化他们的回报。但不同于上述研究中基于展示机会进行竞价的广告,赞助搜索广告中的竞价优化是基于关键字,对不同的广告位进行出价的。该问题需要管理数千个关键字,并在此类广告上投入数千万美元,因此对大型广告的广告主而言,竞价优化显得尤为重要。不同类型的公司对广告位的需求是不同的。在纵向差异化企业的竞价策略中,存在"区位悖论",即基于每点击付费机制,劣等的下级公司希望通过竞价赢得较高的广告位,增加其被点击机会;而优秀的上级公司更愿意通过对较低广告位的竞价,以较低的成本获得较高的投资回报率(Jerath et al.,2011)。

在对关键字进行出价前,广告主不仅要考虑其希望通过竞价获得的目标广告位,还需要考虑合适的匹配方式,在赞助搜索广告中的竞价支持广泛匹配,允许广告主购买大量查询,但只对有限数量的关键字进行出价。此功能在赋予广告主更多表现力的同时,使得最大化优化出价的投资回报变得更具挑战性。选择对查询进行出价作为广泛匹配,则它在一次竞价中提供了高利润结果的同时,也可能产生低利润甚至负利润。故Even et al.(2009)根据实际出价情境的复杂性,抽象出相应的出价优化问题,即在广泛匹配的设置下,确定广告主对关键字子集的出价,以使其利润最大化。在查询语言模型中,当允许广告主以广泛匹配方式对所有查询进行出价时,其研究提出了一种基于线性规划的多项式时间算法,该算法可帮助广告主在赞助搜索广告推广活动中获得最佳利润。他们对在关键字的子集作为精确匹配或广泛匹配时,广告的关键字的出价模型进行研究,试验表明除非 P+NP,否则在任何合理的近似系数范围内,上述问题都是无法近似的。为了解决该问题,他们提出了一个常数因子近似值。该算法基于对问题的天然线性规划公式进行约整。最后,他们研究了问题的预算变量,并表明在查询语言模型中,可以在多项式时间找到两个预算受限的广告活动,实现最佳竞价策略。Zhang and Feng(2011)使用动态模型捕获了这一独特动态性能,并确定了均衡竞标策略。他们发现,在某些条件下,广告主可能会进行周期性的出价调整,而均衡出价的价格可能会遵循一种周期性的模式:价格上涨阶段被价格崩溃阶段打断,类似于动态价格竞争环境下的"埃奇沃思循环",即在这些周期中,出价逐渐上升到一定水平,然后急剧下降,然后周期重新开始。这样的周期性出价模式可以发生在第一价格拍卖和第二价格拍卖中。该研究通过两个数据集,即两个主流搜索引擎中关键字包含的所有广告客户的详细出价记录作为示例,基于马尔可夫转换回归模型的经验框架表明,广告主不仅会动态地更改出价,而且更改频率很高,即存在这种周期性出价策略。他们发现,使用静态模型无法轻松地解释周期性的出价更新行为,因此强调在研究关键字拍卖的均衡结果时采用动态观点的重要性。

在使用广义的第二价格(generalized second price,GSP)拍卖来销售广告位时,搜索引擎面临一些问题,即广告主没有如实地根据他们的估值进行出价,并且估值不确定。此外,广告主还受到预算的限制。Amaldoss et al.(2015)分析了谷歌最初开发的首页出价估算(first page bid estimate,FPBE)机制的程式化模型,并展示了其在应对这些挑战方面的优势。与传统的 GSP 拍卖和具有广告主特定最低出价的 GSP 拍卖相比,该研究展示了 FPBE 机制为何以及何时为搜索引擎带来更高的利润。如果高价值广告主的预算受到限制,则搜索引擎可以使用 FPBE 机制来更改展示顺序,以使高价值广告主能够在拍卖中停留更长的时间。搜索引擎利润的增加并不一定以广告主为代价,因为广告主和搜索引擎的总利润都得到了增加。Amaldoss et al.(2016)构建了一个博弈论模型来研究关键字管理(例如出价关键字集合和关键字出价价格)以及广泛匹配的策略性作用,从而自动对关键字进行出价。他们的研究证明,搜索引擎偏向将广泛匹配出价的准确性提高到广告主选择广泛匹配的程度,但是进一步提高准确性又会降低搜索引擎的利润程度。尽管相关研究通常在单个关键字的上下文环境中研究关键字竞价,但是公司通常必须同时参与多个关键字拍卖。广告主购买各种关键字,包括通用关键字、重点品牌关键字和竞争品牌关键字。同时,公司还必须选择关键字如何与搜索查询匹配,包括精确匹配、词组匹配和广泛匹配。Du et al.(2017)从实证的角度考察了关键字类别和匹配类型如何影响广告活动的效果。他们建立了一个分级贝叶斯模型,以解决点击率、转化率、每次点击成本和排名等联立方程中包含的内生性问题,并使用马尔可夫链蒙特卡罗方法来识别参数。实验的结果表明,区分各种关键字类别和匹配类型的各种出价策略非常重要。他们还报告了与财务绩效相关的结果,例如不同关键字的销售数量、利润和投资回报率。这些发现为广告主同时对多个关键字出价的情境,提出了相应的广告活动管理见解,为赞助搜索广告的实践提供了重要的启示。

赞助搜索广告市场中投标价优化的挑战性,一方面体现在竞价机制的复杂性,如上面提到的竞价前目标广告位的确定、匹配方式的设置等;另一方面,体现在广告市场环境的不确定性。为了解决该不确定性,有研究基于未来查询分布的自然概率模型解决带有随机性的关键字出价问题,并指出简单地对所有便宜的关键字出价,在许多情况下都能得到最优或近似最优解(Muthukrishnan et al.,2007)。也有研究考虑在小规模随机扰动的情况下,通过自然的竞价启发式方法,均衡所有关键字的投资回报率来优化广告主的总效用(Borgs et al.,2007)。随机多选背包问题也被用来构建广告中的关键字出价问题模型,Zhou et al.(2008)将处于竞争环境中的投标优化问题转化为在线多选背包问题,并针对在线背包问题设计算法,实现可证的最佳竞争比率。该模型和算法可以实现出价过程的自动化,并通过优化出价实现最大化广告收入的目标。同样,Zhou and Naroditskiy(2008)也提出一种基于阈值函数的在线选择算法解决该随机多背包问题所对应的出价优化问题。假设其他广告主的竞价策略是固定的,在已知目标关键字集合和一些关于未来的随机信息(由成本与点击组合所构成的场景的概率分布)的情况下,DasGupta and Muthukrishnan(2013)将最优出价问题转化为一个以最大化预期点击次数为目标的随机优化问题,并提出一个已知的非平凡多对数近似来解决该问题。假设预算约束在一定的概率下被满足,Cholette et al.(2012)将选择关键字并对关键字进行出价的过程构建为一个随机模型,对单个关键字情景进行解析分析,对多个关键字问题进行数值分析,并对给定不同水平的风险和收益的情况下的关键字间的权衡问题进行研究。由于广告主通常会与不同的对手进行许多不同的竞价,并且竞价相关参数均不同,故 Pin and Key (2011)描述了其通过观察广告竞价过程得到的一些发现,并将这些发现包含到一个简单的概率模型中。此模型可用于预测广告主收到的点击次数和他们可以预期支付的总价格,该价格具体取决于他们的出价,该模型还能以非常低的计算成本估算竞价对手的价值。

还有一些研究,在关键层面进行预算分配,本质上也是在对投标价进行优化。如 Feldman et al.(2007)研究了如何在给定预算下对关键字设置出价以最大程度地提高其回报率(用户对其广告的点击次数)的复杂优化问题。他们通过对这个预算优化过程进行建模,发现尽管大多数变体都是 NP 难解的,但令人惊讶的是,通过证明可以发现简单地对所有关键字在两个统一出价策略之间随机分配均等出价的效果很好,该策略对广告系列中的所有关键字进行统一出价,直到实际每日预算用尽为止。更准确地说,此策略至少获得了可能的最大点击次数的 $1-1/e$ 倍的点击次数。此外,他们还提出了不可逼近的结果,以及针对预算优化问题变体的最佳算法。在后来的工作中,Muthukrishnan et al.(2010)探索了基于自然概率模型对未来查询分布进行优化问题的随机版本。他们研究显示了提出的三个随机模型中有关解决方案目标函数期望值评估和最大化目标函数这两个问题的逼近度和复杂度结果。算法结果表明,在许多情况下,对所有廉价关键字进行出价直至某个级别的简单前缀策略都是最佳或近似最佳的,而其他情况是 NP 困难的。Cholette et al.(2012)为关键字选择和为每个关键字分配固定比例每日预算提出了一种随机模型来优化出价,将广告排名视为随机函数。他们讨论了概率预算约束的含义以及如何在有效边界上找到权衡解决方案。引入随机响应函数后,决策者必须考虑风险承受能力,并相应地调整出价。因此他们研究了在风险和回报水平不同的情况下关键字之间的取舍。通常,赞助搜索广告中的广告拍卖是作为第二价格拍卖的变体运行的,但它们与激励机制并不兼容。因此,广告主必须进行策略性出价。决策环境中巨大的不确定性、预算限制以及大量关键字组合的存在,使得赞助搜索广告的出价优化问题变得充满挑战。Abhishek and Hosanagar(2013)提出了一种分析模型,用于计算搜索拍卖中广告主投资组合中关键字的最佳竞标价格。该出价优化模型解决了先前工作中的一个重大空白,该空白涉及每个项目合并多个广告位,竞争对手的出价行为以及消费者查询和点击行为的不确定性。为了验证该方法的有效性,他们使用广告主搜索推广活动中的数据估算模型的参数,并在田野实验中使用模型建议的出价。现场测试试验得到的结果表明,该研究提出的投标出价策略技术在实践中十分有效,可以增加广告主的投资回报率。他们还考虑了关键字之间的交互,即从通用关键字到品牌关键字的正向溢出效应,并使用近似动态规划方法将其共同用于优化关键字的出价。研究结果表明,使用动态线性模型框架估算溢出考虑到关键字之间的交互作用,可以进一步改善广告计划的表现效果。此外,他们还扩展了基本模型,并表明将认知度纳入多期出价问题可以帮助广告主进一步提高广告收入。

2.5　本章小结

本书对赞助搜索广告活动整个生命周期中,广告主面临的实际决策场景的优化决策相关文献进行了综合审查。尽管过去的 20 年间,研究者在该方向上进行了大量的研究工作,但该领域中的许多实际问题仍未得到解决,有关关键字决策主题的研究工作存在不均衡的现象。更具体地说,目前的研究工作更多地集中在关键字生成和关键字选择上,忽略了其他关键字决策问题。尽管目前的行业需求已经十分明确,但是很少有研究系统地解决不确定性环境下与搜索引擎定义的广告结构有关的关键字优化问题。虽然众多研究者从多个方面对赞助搜索广告的关键字优化策略开展了研究,但是这些研究还存在以下不足:

首先,在多个关键词与某个查询相关的情况下,关键字之间存在复杂的交互(Cao et al.,2021)。相互依赖性使关键字管理成为一个复杂的优化问题(Dhar and Ghose,2010)。此外,关键字管理不仅是广告和关键字之间的匹配,还是关键字与关键字之间的匹配。具体而言,在特定于域的集合中添加和删除广告主感兴趣的关键字将改变赞助搜索广告活动的性能。但是,现有的主要工作假定每个关键字独立行事,然后以孤立的方式对做出广告的关键字决策。这样的方法使得关键字的评估不可避免地存在着偏差,造成高估或低估关键字的现象,降低了广告效率。而本书的研究将整个目标关键字集合看作一个整体的同时,通过对关键字收益之间协方差进行度量,从而考虑了关键字之间的相互作用,避免了由关键字独立假设为关键字表现评估和决策带来的负面影响。

其次,通过上述文献综述我们可以发现,在赞助搜索广告优化决策相关的研究中,对搜索引擎定义的广告结构对关键字决策产生的影响关注较少。然而,与传统广告的扁平结构相比,赞助搜索广告明显是一种结构性广告形式(Yang et al.,2017)。本书相关研究均考虑了在赞助搜索广告相关决策情景中的广告结构的对最终关键字相关优化决策的作用和影响,弥补了赞助搜索广告这一方面研究的空白。

除了上面讨论的两个论点之外,赞助搜索广告环境和相关因素也是高度不确定的(Yang et al.,2013)。也就是说,由于赞助搜索广告市场响应于关键字的实时信息的滞后,广告主必须在获得关键字的各项性能指标信息之前做出关键字相关的决策。然而,由于关键字的利润不确定性的风险,广告主无法直接从利润最高的关键字中获得期望的最大利润。根据上述文献综述可知,由于赞助搜索广告机制固有的复杂性,目前有关关键字决策的研究,对如何解决该不确定性的问题所知甚少。故本书基于随机规划的方法,提出了解决不确定性环境下的关键字优化问题的可行方案。

综上所述,尽管赞助搜索广告中的关键字优化策略是广告主实现其利润增长的重要工具,受到了大量研究者的关注,已开展了大量相关研究工作,但仍然有许多的实际研究问题没有得到充分的探索。目前有关赞助搜索广告关键字优化策略的研究都只是单一独立的或单阶段的为关键字优化决策提供意见,没有系统性的考虑到关键字广告特定的结构、关键字之间的相关关系、赞助搜索广告市场的不确定性等问题。从这个意义上讲,我们可以发现学术研究与赞助搜索广告实践之间存在很大的差距。因此,本书在赞助搜索广告特有的结构框架下,致力于在不确定性环境下,进行基于随机优化的方法,对关键字的分组、投资组合和出价策略进行探索和研究,帮助广告主解决在关键字决策实践中遇到的实际困难。

在赞助搜索广告中,关键字的分组、投资组合和出价策略这三种不同的关键字优化策略紧密相关。首先,对于关键字分组策略研究,关键字分组后形成的广告组是关键字投资组合策略中关键字聚类和资源分配的基本单位,因此关键字分组策略可以作为关键字投资组合策略的铺垫,同时关键字分组后的搜索广告层次结构也是关键字综合出价策略中广告组层次和关键字层次结构构成的基础;其次,对于关键字投资组合策略研究,关键字投资组合策略得到的在广告组和关键字层次上的权重,是广告主在搜索广告推广活动中的资源分配策略(如预算分配策略)的基础,形成了对关键字分组策略和关键字出价策略中约束条件的构造;最后,对于关键字出价策略研究,关键字的出价策略会改变关键字在赞助搜索广告中的表现参数,如展示数、点击率和转化率等,从而影响关键字的分组决策和关键字的投资组合决策最终的优化方案以及广告表现效果。综上所述,关键字分组、关键字投资组合和关键字出价这三种策略互为反馈、相互影响,本书以这三种关键字优化策略为核心,共同构建了一个整体的赞助搜索广告关键字策略优化框架。

3 基于随机优化的关键字分组策略研究

3.1 问题背景

在赞助搜索广告中,广告主需要做出一系列与关键字相关的决策。其中,关键字充当了连接广告主、搜索用户和搜索引擎的重要桥梁(Yang et al.,2019)。与其他形式的在线广告不同,赞助搜索广告中广告主必须根据搜索引擎定义的广告结构来组织关键字。合理的广告结构能够帮助广告主使用适当关键字向潜在目标客户投放他们感兴趣的广告来确保更多的流量和收入(Yang et al.,2017)。因此,对于广告主来说,如何在其广告计划中有效地组织感兴趣的关键字是管理其赞助搜索广告环节中至关重要的问题。

在赞助搜索广告活动的整个生命周期中,广告主面对一系列与关键字相关的决策,即关键字生成、选择、分组和调整(Yang et al.,2019)。目前有关关键字研究的注意力主要集中在关键字生成(例如 Qiao et al.,2017;Zhou et al.,2019)和关键字选择(例如 Kiritchenko and Jiline,2008;Lu and Zhao,2014)上。从操作的角度来看,关于如何根据搜索引擎定义的广告结构来组织关键字的决策尚待探索。

赞助搜索广告活动的开发涉及将关键字合理的分配到广告组中并为广告组开发相应的广告文案(Yang et al.,2019)。在主要搜索引擎(例如谷歌和必应)采用的赞助搜索广告结构中,为实现广告主的某个促销目标,一个或几个广告计划同时在广告主的账户下运行,其中每个广告计划包含一个或几个广告组,每个广告组依次包含一个或多个广告和一组共享的关键字集。广告组是日常广告运营的基本单位。首先,必应广告指出,广告组是组织广告活动的最佳方法。广告组可以帮助广告主更好地跟踪其广告工作的表现效果。[①] 其次,广告主需要根据一组既定的目标关键字为每个广告组构建关键字列表,以将广告精确显示给潜在目标消费者(Li and Yang,2020)。当搜索者的查询与广告组中的一个或多个关键字匹配时,其关联的广告将被触发,出现在搜索引擎结果页面上。因此,使用广告组来组织关键字可以使广告主向搜索相似内容的消费者展示其广告。相反,对于广告主而言,如果广告组的设置不正确,则该广告主很难接近广告计划的目标人群。再次,相较于优化或预测单个关键字的效果,多个广告组的形式更有利于广告主对赞助搜索广告进行管理(Li and Yang,2020)。此外,通过将关键字聚合到广告组中,广告主可以优化在长尾关键字上分配广告支出的策略(Rutz et al.,2012)。最后,关键字分组决策的结果为广告计划的广告撰写阶段提供了内容基础和组织意识。也就是说,组织良好的关键字使广告主可以更轻松地撰写广告文案,并在搜索过程中为消费者提供其感兴趣的广告内容,从而确保更优质的用户体验(Chiou and Tucker,2022)。因此,关键字分组与赞助搜索广告中的其他任何关键字决策一样重要[②](Yang et al.,2019)。本书使用术语"关键字分组"来指代在赞助搜索广告活动中在广告组一级组织关键字的决策。

当前大多数关键字分组做法都是在汇总级别上进行的(Rutz and

---

① 参见 Google AdWords. Organize your account with ad groups. Available at https://support.google.com/google-ads/answer/6372655?hl=en. Accessed on May 23, 2019.

② 参见 Gotter, A. How to Create the Most Effective Adgroups for Google AdWords. Available at https://www.disruptiveadvertising.com/adwords/ad-groups/.Accessed on October 28, 2018.

Bucklin，2011）。例如，广告组通常是根据广告主想要推广的产品（或服务）计划进行组织。[①] 广告主在创建广告组时也可能会根据关键字特征（即通用、品牌或零售）对关键字进行分类。这些方法根据关键字和广告主题之间的语义关系对关键字分组策略进行优化，然而语义上的关系在很大程度上容易产生主观错误，因此这些方法通常需要消耗大量的人工成本，并且难以获得关键字分组的最佳解决方案。本书认为，针对关键字分组的科学解决方案是应该能够自动找到一种优化策略，将一组关键字细分为多个组，以实现某个促销目标（例如，使预期利润最大化），同时考虑相关的广告因素，例如，每次点击费用（cost per click，CPC）、点击率和预算限制。从操作的角度来看，关键字分组在赞助搜索广告工作流程中容易被忽略[②]。在赞助搜索广告活动管理中，AB 测试是一种实验性方法，通过该方法广告主可以分离不同的因素，以查看哪种广告文案效果最好。但是，应用 AB 测试来找出最佳关键字分组解决方案是一项不可能的任务，因为计算空间会随着关键字数量的增加而呈指数增长。尽管广告主对关键字分组的需求迫切且实际，但据我们所知，此方向的文献很少。本书旨在弥合这一关键差距。

关键字分组决策面临诸多挑战。一方面，赞助搜索广告环境具有高度不确定（Rusmevichientong and Williamson，2006；Yang et al.，2013）。也就是说，广告主必须在获得关键字效果指标值之前做出相应的关键字分组决策。正如 Mohr et al.(2013)所述，基于信息技术的高科技产业具有共同特征，即市场不确定性、技术不确定性和竞争波动性（Xue et al.，2011）。同样，赞助搜索广告也面临三类不确定性：来自市场噪音的干扰（即热门社会新闻使某些关键字的搜索量和点击量急剧增加），技术发展

---

① 参见 Google AdWords. How adgroups work. Available at https://support.google.com/google-ads/answer/2375404?hl＝en. Accessed on October 28，2018.

② 参见 WordStream. AdWords Keywords grouping：How to Group Your Keywords in AdWords. Available at https://www.wordstream.com/adwords-keyword-grouping. Accessed on October 28，2018.

带来的不确定性(即搜索引擎为广告展示改进其排名算法)以及源自竞争波动的不确定性(即广告主可以任意调整其广告策略)。另一方面,广告主,尤其是那些来自小企业的广告主,通常面临严重的预算约束(Yang et al.，2014；Yang et al.，2015)。这意味着广告主需要在有限的预算内适当地对关键字进行分组,以最大化其广告效果。赞助搜索广告的不确定性由几个性能指标反映。更具体地说,点击率和转化率随关键字的不同而显示出很大差异,并且通常这些差异是事先未知的,这为关键字分组决策带来了很大的不确定性(Li and Yang，2020)。随机优化模型通常被用来处理赞助搜索广告决策中的不确定性问题。Muthukrishnan et al.(2010)基于对未来查询的自然概率分布模型,构建随机优化模型为关键字分配预算。Pin and Key(2011)开发了一种解析式拍卖模型,模型的中心是一个广告主,该广告主面对多个提交随机出价的未知竞争者。该研究假设点击的概率来自独立的随机过程,即实际的点击率及其估算的权重受搜索者类型的影响。Cholette et al.(2012)将广告排名视为受出价影响的随机函数,并构建了一个随机模型为一组关键字分配每日预算,该模型使用 beta 密度表示在固定出价条件下的随机广告排名。在赞助搜索广告中,关键字分组决策受许多无法预先确定的因素(例如点击率、转化率)的影响。这促使本书在考虑广告组的预算限制和广告主的风险承受能力的情况下,探索随机环境中的关键字分组问题。在这项工作中,本书打算探讨不确定性环境下的关键字分组的随机优化问题。据我们所知,这是此方向上的第一个研究工作。本书假设广告主可以通过分析赞助搜索广告计划的历史报告来获取有关因素(例如概率分布)取值范围的有限信息。本书的工作在两个方面与目前存在的关键字分组方法不同。其一,本书的方法考虑了赞助搜索广告市场的不确定性,并针对具有不同风险偏好的广告主进行了风险管理。其二,本书基于分支定界算法通过遍历关键字分组决策的解空间来获得最优解。

在这项工作中,本书为关键字分组建立了一个随机模型,以最大程度地提高赞助搜索广告计划的预期利润。具体而言,本书的模型将点击率和转化率作为随机变量。首先,本书使用机会约束的概念来描述在一定程度上满足预算约束的可能性。其次,在广告计划层级用预算单位的利润方差衡量广告主的风险,对预期利润和风险容忍度进行权衡。最后,本书开发分支定界算法来解决上述构建的关键字分组模型。此外,本书还进行了计算实验,通过与五个关键字分组基准方法进行比较,使用从实际报告和赞助搜索广告活动日志中收集的两个真实数据集来评估关键字分组模型的效果。五种基准方法的前两种是实践中广告主常用的关键字分组方法,第三种和第四种基准方法是现有文献中存在的与关键字分组相关的方法,第五种是从本书的研究中抽取出的确定性关键字分组方法。第一种关键字分组基准方法代表广告主将所有关键字放入一个广告组(即 BASE1-Nogrouping)的情况。第二种关键字分组基准方法将根据广告主推广的产品,组织以产品细分关键字形成的广告组(即 BASE2-Product)。第三种关键字分组基准方法将 k 均值聚类应用于细分关键字(即 BASE3-Kcluster)。第四种关键字分组基准方法基于关键字间的语义关系的层次结构(即 BASE4-Hierarchy)对关键字进行分组。第五种关键字分组基准方法基于从本书解决方案部分开发的随机关键字分组模型(即 BASE5-Profit)派生的确定性模型,根据贪婪的方式根据关键字的收益将关键字分配到广告组中。

实验结果表明:

(1)本书的关键字分组方法在利润和投资回报率(return on investment,ROI)方面优于五个关键字分组基准方法,且风险相对较低。

(2)与五个基准方法相比,本书提出的关键字分组方法分配了更多的关键字到广告组中,可以近似稳定地达到最优解决方案。

(3)在关键字分组决策中,随着预算的增加,利润也相应增加;但是,边际利润并不一定显示出边际递减效应,也就是说,它并不总是随着预算的增加而减少。

（4）在广告组中分配更多的关键字并不一定会带来更高的利润。本质上，最佳关键字分组解决方案是各种广告因素之间多方面权衡的结果。

这些发现为赞助搜索广告的广告主提供了启发性的管理见解。第一，关键字分组是一项不可忽视的重要广告决策，尤其是在这种具有大量关键字的更为复杂的市场环境下。第二，广告主应尝试在关键字分组决策中增加预算，以获取更多利润。第三，这项研究提示广告主，将关键字的数量作为关键字分组决策的单一标准是不明智的。

从学术角度来说，本书是关于关键字分组决策的第一项研究。在现有文献中，很少有研究按照赞助搜索广告结构来处理关键字决策，这与传统广告的扁平结构不同。本书的研究探讨了赞助搜索广告中的关键字分组问题，同时考虑了主要搜索引擎定义的广告结构。此外，本书的研究结果为在线广告中的关键字研究提供了启示。这项研究表明，关键字分组对赞助搜索广告中的广告主十分重要，而它在某些方面的重要性是现有文献中没有意识到的。我们还发现，赞助搜索广告的边际利润不一定随预算增加呈现边际递减效应。这些发现有助于更好地理解关键字研究和赞助搜索广告结构。从实质的角度来看，本书的发现为广告主提供了具体的管理见解，使广告主可以在赞助搜索广告中做出实用的关键字优化决策。从方法论的角度来看，本书为关键字分组决策开发了一个随机模型，并相应地运用了分支定界算法来求解本书提出的模型。此外，本书的关键字分组模型和相应的分支定界算法可以推广到关键字研究和关键字相关广告形式（例如推特广告）的其他类似决策场景的细分问题中。

3.2　模型建立与描述

本部分考虑在广告组的预算限制和广告主的风险承受能力下，为关键字分组建立随机模型，最大化赞助搜索广告的预期利润。广告主可能还有其他限制条件（例如地理位置和时间因素），但本书的研究仅考虑在有关赞助搜索广告优化研究中的主要因素,即预算和风险限制(Yang et al.,2019)。这项研究考虑的关键字决策方案是:对于广告主给定一组特定于广告计划的关键字,如何将这些关键字分配到几个广告组中。表3.1列出了本书关键字分组优化研究中使用的各种符号。

表 3.1 符号注释列表

符 号	定 义
d_i	第 i 个关键字的搜索需求
c_{ij}	第 j 个广告组中第 i 个关键字的点击率(CTR)
r_{ij}	第 j 个广告组中第 i 个关键字的转化率(CVR)
v_i	第 i 个关键字的每转化价值(VPC)
p_{ij}	第 j 个广告组中第 i 个关键字的每次点击费用(CPC)
B_j	第 j 个广告组的预算约束
x_{ij}	决策变量,表示是否将第 i 个关键字分配给第 j 个广告组中
n	关键字数
m	广告组数
s_i	第 i 个关键字的成本
α_j	第 j 个广告组的预算机会约束的概率
$\varphi^{-1}(\alpha_j)$	α_j 的逆高斯分布密度函数
μ_i	s_i 的平均值
σ_i	s_i 的标准偏差
θ	广告主的风险忍耐度

3.2.1 关键字分组的目标函数

令 d_i 表示赞助搜索广告市场中第 i 个关键字的搜索需求总数,关键字的搜索需求定义为由此查询触发的广告展示总数。令 c_{ij} 表示第 j 个广告组中第 i 个关键字的点击率(CTR)。给定一个具有 m 个广告组和 n

个关键字的广告计划,决策变量 $x_{ij}, i=1, \cdots, n, j=1, \cdots, m$,表示是否将第 i 个关键字分配给了第 j 个广告组,即

$$x_{ij} = \begin{cases} 1, \text{如果第 } i \text{ 个关键字已分配给第 } j \text{ 个广告组;} \\ 0, \text{其他.} \end{cases}$$

假设 p_{ij} 表示第 j 个广告组中第 i 个关键字的每次点击费用(CPC)。根据主要的赞助搜索广告结构,广告主可以在广告组和关键字级别上设置最高每次点击费用。在本书的研究中,对于关键字分组问题,本书在关键字级别使用 p_{ij}。那么,一个广告活动的成本为 $\sum_{j=1}^{m} \sum_{i=1}^{n} x_{ij} d_i c_{ij} p_{ij}$。令 r_{ij} 和 v_i 分别表示转换率(CVR)和每转化价值。因此,广告活动的利润可以表示为 $z(x_{ij}) = \sum_{j=1}^{m} \sum_{i=1}^{n} x_{ij} d_i c_{ij} (r_{ij} v_i - p_{ij})$。在这项研究中,本书使用 CTR 点击率 c_{ij} 和 CVR 转化率 r_{ij} 作为随机向量来捕捉搜索行为和广告市场波动等方面的不确定性,故 $z(x_{ij})$ 也是随机变量。因此,关键字分组决策的目的是使广告活动中总的期望利润最大化,即:

$$E[z(x_{ij})] = E\left[\sum_{j=1}^{m} \sum_{i=1}^{n} x_{ij} d_i c_{ij} (r_{ij} v_i - p_{ij})\right]. \tag{3.1}$$

3.2.2 关键字分组的预算约束

通常,广告主具有有限的赞助搜索广告预算,故本书可以假设预算不足。令 $B_j > 0$ 表示可用于给定广告组 j 的广告预算,则有 $\sum_{i=1}^{n} x_{ij} d_i c_{ij} p_{ij} \leqslant B_j$。

由于点击率 c_{ij} 的随机性,赞助搜索广告的预算约束可以表示为机会约束,即 $P\left\{\sum_{i=1}^{n} x_{ij} d_i c_{ij} p_{ij} \leqslant B_j\right\} \geqslant \alpha_j$,其中广告组 j 的费用小于该广告组分配的相应预算的概率大于或等于某个水平可接受的概率范围 α_j。

为了简化上述表达式,本书将关键字成本 $s_i = \sum_{j=1}^{m} d_i c_{ij} p_{ij} x_{ij}$ 视为随机变

量,故我们有:

$$P\left\{\sum_{i=1}^{n} x_{ij}\,s_i \leqslant B_j\right\} \geqslant \alpha_j\;. \tag{3.2}$$

3.2.3 关键字分组的风险约束

本书的关键字分组模型还考虑了广告主的不同风险偏好。规避风险的广告主更喜欢确定性而不是风险,相较于高风险,更倾向于低风险的关键字分组策略,因此更喜欢在其风险承受能力范围内的进行关键字分组决策;爱好冒险的广告主愿意以高风险为代价尝试获得更多利润的机会;风险中立的广告主则没有任何偏好。基于 Yang et al.(2013),利润的方差可以解释为广告市场中的一种风险度量,为了平衡预期的利润和风险,本书将预算单位的利润 $z(x_{ij})$ 的方差作为风险,

$$\frac{Var(z(x_{ij}))}{\sum\limits_{j=1}^{m} B_j} = \frac{Var\left(\sum\limits_{j=1}^{m}\sum\limits_{i=1}^{n} x_{ij}\,d_i\,c_{ij}\,(r_{ij}\,v_i - p_{ij})\right)}{\sum\limits_{j=1}^{m} B_j} \leqslant \theta \tag{3.3}$$

其中 θ 是广告主的风险容忍度。

3.2.4 随机关键字分组模型

综上所述,关键字分组决策可以表述为以下随机模型:

$$\max \quad E\left[\sum_{j=1}^{m}\sum_{i=1}^{n} x_{ij}\,d_i\,c_{ij}\,(r_{ij}\,v_i - p_{ij})\right]$$

$$\text{s.t.} \quad P\left\{\sum_{i=1}^{n} x_{ij}\,d_i\,c_{ij}\,p_{ij} \leqslant B_j\right\} \geqslant \alpha_j$$

$$Var\left(\sum_{j=1}^{m}\sum_{i=1}^{n} x_{ij}\,d_i\,c_{ij}\,(r_{ij}\,v_i - p_{ij})\right)\Big/\sum_{j=1}^{m} B_j \leqslant \theta \tag{3.4}$$

$$\sum_{j=1}^{m} x_{ij} \leqslant 1$$

$$x_{ij} = 0/1, d_i \geqslant 0, v_i \geqslant 0, p_{ij} \geqslant 0$$

$$i = 1,\cdots,n, j = 1,\cdots,m$$

模型(3.4)是随机 0-1 多重背包问题,其中决策变量 x_{ij} 为二元变量。在本书的关键字分组模型中,目标函数旨在最大限度地提高所有广告组的预期利润。第一类约束是一系列广告组的预算机会约束,第二类约束描述了广告主的风险容忍约束,第三类约束要求每个关键字只能分配到一个广告组中。在赞助搜索广告中,广告主可以在两个或多个广告组中分配若干相同的关键字。在多个关键字与同一搜索词匹配的情况下,搜索引擎根据其自身的偏好设置选择使用哪个关键字来触发广告进入竞价阶段。因此,在不同的广告组中使用相同的关键字不是一个好的选择,广告士可能会失去对关键字有效的追踪和控制。[①]

3.3　模型的分支定界解法

本书提供了一种分支定界算法来解决上述关键字分组模型(3.4)。分支定界是一种枚举方法,已成功地用于减少查找最佳值所需的搜索和计算工作来解决各种组合问题(Kosuch and Lisser,2010)。考虑到广告系列中每个广告组的预算有限和广告主的风险承受能力的不同,本书的分支定界算法能够帮助广告主为多个广告组自适应地分配一组关键字,以最大化其预期利润。为了简化计算,本书通过将关键字广告组组合作为决策变量的基本单位来降低决策变量的维数,因此本书具有 $n * m$ 个关键字广告组组合。接下来,本书介绍关键字分组模型的分支定界算法的详细求解过程。有关分支定界算法的更多详细信息,请参见 Kosuch and Lisser(2010)。

第一,本书使用随机模拟来检查是否每个广告组的预算机会约束都被满足,详情见表 3.2 中的算法 3.1 SSCCAB(表示广告预算机会约束的随机模拟)。将关键字分配给广告组 j 时,当且仅当组内关键字的总成本

---

① 参见 Weber,I. Top 3 Benefits of Using Keyword Grouping. Available at https://seranking.com/blog/top-3-benefits-of-using-keyword-grouping/. Accessed on June 19,2019.

小于广告组 j 在置信区间内的总预算,即 $P\left\{\sum\limits_{i=1}^{n} x_{ij} s_i \leqslant B_j\right\} \geqslant \alpha_j$ 时,指示变量 $\hat{x}_{ij} = 1$,否则为 0。

表 3.2 算法 SSCCAB

算法 3.1 SSCCAB (stochastic simulation for chance constraints of advertising budget)
输入:
$\{i \mid i = 1, 2, \cdots, n\}$:一组感兴趣的关键字
$\{j \mid j = 1, 2, \cdots, m\}$:一组广告组
B_j :第 j 个广告组的预算约束
α_j :第 j 个广告组的预算机会约束的概率
$s_i \sim N(\mu_i, \sigma_i^2)$:第 i 个关键字的成本分布
输出:
$\hat{x}_{ij}$:二元变量,表示在将第 i 个关键字分配给第 j 个广告组时,是否满足预算的机会约束
程序:
1) 令 $t' = 0$.
2) 从 $s_i \sim N(\mu_i, \sigma_i^2)$ 对应分布中抽取一组关键字成本 $s' = \{s'_1, s'_2, \cdots, s'_n\}$ 作为样本;
3) 如果 $\sum\limits_{i=1}^{n} x_{ij} s'_i \leqslant B_j$,则有 $t'++$;
4) 重复步骤 2 和 3 共 t 次;
5) $\alpha'_j = t'/t$.
6) 如果 $\alpha'_j \geqslant \alpha_j$,则 $\hat{x}_{ij} = 1$;否则 $\hat{x}_{ij} = 0$.

第二,本书通过模型(3.4)的连续松弛来计算分支定界算法的上限。具体来说,本书将 x_{ij} 从 $\{0,1\}$ 中的二进制变量松弛成 $[0,1]$ 中的连续变量。根据 Prekopa(1965),已知如果函数 $\sum\limits_{i=1}^{n} x_{ij} s_i$ 是拟凸的并且 s_i 具有

对数凹的密度,则由约束 $P\left\{\sum_{i=1}^{n} x_{ij} s_i \leqslant B_j\right\} \geqslant \alpha_j$ 定义的集合是凸集。

第一个性质可以很容易地证明,因为本书的函数 $\sum_{i=1}^{n} x_{ij} s_i$ 是线性的,因此它是拟凸的。关于第二个属性,根据 Cholette et al.(2012),每次展示的点击次数 c_{ij}(CTR)具有维度,点击/展示。它是带有参数 $p(x_{ij})$ 的伯努利随机变量,表示如果将与第 i 个关键字相关联的广告分配给了第 j 个广告组,则这个广告被点击的可能性。那么第 i 个关键字的点击次数 C_i 是具有参数 $(d_i, p(x_{ij}))$ 的二项式随机变量。只要 $d_i \cdot p(x_{ij}) \geqslant 10$ 并且 $d_i \cdot [1 - p(x_{ij})] \geqslant 10$,就可以通过正态分布近似的估计二项式分布,故本书可以假设随机变量 C_i(即点击次数)是满足正态分布的随机变量。因此,关键字 i 的成本 s_i,即点击次数(随机变量)与平均每次点击费用(常数)的乘积也呈独立地正态分布。则上述第二个有关正态分布的性质得到证明。这意味着机会约束 $P\left\{\sum_{i=1}^{n} x_{ij} s_i \leqslant B_j\right\} \geqslant \alpha_j$ 在具有正态分布成本的松弛关键字分组问题的特殊情况下定义了凸集。

第三,本书可以通过将其重新构造为等效的确定性二次锥规划问题(SOCP)来解决连续的机会约束关键字分组模型。从赞助搜索广告日志和报告中,本书可以获得 s_i 的均值 μ_i 和标准差 σ_i。由于 B_j 为常数,因此 $Var[B_j] = 0, E[B_j] = B_j$。则我们有

$$\frac{\sum_{i=1}^{n} x_{ij} s_i - B_j - \left(\sum_{i=1}^{n} x_{ij} E[s_i] - B_j\right)}{\sqrt{\sum_{i=1}^{n} x_{ij}^2 Var[s_i]}}, \tag{3.5}$$

代表标准的正态变量。

故有不等式 $\sum_{i=1}^{n} x_{ij} s_i \leqslant B_j$ 等价于

$$\frac{\left(\sum_{i=1}^{n} x_{ij} s_i - B_j - \left(\sum_{i=1}^{n} x_{ij} E[s_i] - B_j\right)\right)}{\sqrt{\sum_{i=1}^{n} x_{ij}^2 Var[s_i]}} \leqslant -\frac{\sum_{i=1}^{n} x_{ij} E[s_i] - B_j}{\sqrt{\sum_{i=1}^{n} x_{ij}^2 Var[s_i]}}. \tag{3.6}$$

那么机会约束 $P\left\{\sum_{i=1}^{n} x_{ij} s_i \leqslant B_j\right\} \geqslant \alpha_j$ 等价于

$$P\left\{\eta \leqslant -\frac{\sum_{i=1}^{n} x_{ij} E[s_i] - B_j}{\sqrt{\sum_{i=1}^{n} x_{ij}^2 Var[s_i]}}\right\} \geqslant \alpha_j , \qquad (3.7)$$

其中 η 服从标准正态分布。

因此，当且仅当满足以下条件时，建立机会约束：

$$\varphi^{-1}(\alpha_j) \leqslant -\frac{\sum_{i=1}^{n} x_{ij} E[s_i] - B_j}{\sqrt{\sum_{i=1}^{n} x_{ij}^2 Var[s_i]}}$$

$$\Rightarrow \sum_{i=1}^{n} x_{ij} E[s_i] + \varphi^{-1}(\alpha_j)\sqrt{\sum_{i=1}^{n} x_{ij}^2 Var[s_i]} \leqslant B_j \qquad (3.8)$$

$$\Rightarrow \sum_{i=1}^{n} x_{ij} \mu_i + \varphi^{-1}(\alpha_j)\sqrt{\sum_{i=1}^{n} x_{ij}^2 \sigma_i^2} \leqslant B_j$$

本书可以通过将 x_{ij} 放到 $[0,1]$ 的连续变量中并将预算的机会约束转化为确定性公式来构造凸优化模型：

$$\max \quad E\left[\sum_{j=1}^{m}\sum_{i=1}^{n} x_{ij} d_i c_{ij}(r_{ij} v_i - p_{ij})\right]$$

$$\text{s.t.} \quad \sum_{i=1}^{n} x_{ij} \mu_i + \varphi^{-1}(\alpha_j)\sqrt{\sum_{i=1}^{n} x_{ij}^2 \sigma_i^2} \leqslant B_j$$

$$Var\left(\sum_{j=1}^{m}\sum_{i=1}^{n} x_{ij} d_i c_{ij}(r_{ij} v_i - p_{ij})\right) / \sum_{j=1}^{m} B_j \leqslant \theta$$

$$\sum_{j=1}^{m} x_{ij} \leqslant 1$$

$$0 \leqslant x_{ij} \leqslant 1, d_i \geqslant 0, v_i \geqslant 0, p_{ij} \geqslant 0$$

$$i = 1, \cdots, n, j = 1, \cdots, m \qquad (3.9)$$

在下文中，本书采用内点法（Wächter and Biegler，2006）来找到模型(3.9)的最优解，并由此得出上限 SUP 的值。在表 3.3 的算法 3.2 BBKG 中给出了用于解决关键字分组模型的分支定界算法的总体框架（BBKG

表示关键字分组的分支定界算法）。

表 3.3　算法 BBKG

算法 3.2 BBKG（branch-and-bound algorithm for keyword grouping）

输入：

$\{i \mid i = 1,2,\cdots,n\}$ ：一组感兴趣的关键字

$\{j \mid j = 1,2,\cdots,m\}$ ：一组广告组

B_j：第 j 个广告组的预算约束

d_i：第 i 个关键字的搜索需求

c_{ij}：第 j 个广告组中第 i 个关键字的点击率（CTR）

r_{ij}：第 j 个广告组中第 i 个关键字的转化率（CVR）

v_i：第 i 个关键字的每次转化价值（VPC）

p_{ij}：第 j 个广告组中第 i 个关键字的每次点击成本（CPC）

θ：风险承受能力

输出： x_{ij}：决策变量指示是否将第 i 个关键字分配给第 j 个广告 组。

程序：

1）根据递减的 B_j 对广告组进行排序，根据递减 $E\left[d_i\,c_{ij}\,(r_{ij}\,v_i - p_{ij})\right]$ 对关键字进行排序，keyword_Grouping_List $= \varnothing$。

2）**For** adgroup j from 1 to m

　for keyword i from 1 to n

　if $\hat{x}_{ij} = 1, Var\left(\sum\limits_{j=1}^{m}\sum\limits_{i=1}^{n} x_{ij}\,d_i\,c_{ij}\,(r_{ij}\,v_i - p_{ij})\right) / \sum\limits_{j=1}^{m} B_j \leqslant \theta$ and $\sum\limits_{j=1}^{m} x_{ij} \leqslant 1$

　then $x_{ij} = 1$,

　INF $= \max\{$期望利润$\}$，将可行的解决方案添加到 Keywords_Grouping_List，上限 SUP $= \infty$

（续表）

End for

End for

3）**If** Keywords_Grouping_List $= \varnothing$，则转到步骤 7，**else** current_solution $=$ 在 Keywords_Grouping_List 中具有最大预期利润的解，并转到步骤 4。

4）**If** 目前的解 current_solution 中的 SUP$>$ INF，则转到步骤 5，**else** 从列表中删除这个解，然后转到步骤 3。

5）**If** 所选解中没有剩余的还没有被删减或拒绝的可接受关键字子集，则将这个解从列表中删除，然后返回到步骤 3，**else** 按照排名，选择第一个可接受的尚未被删除或被拒绝的关键字子集，并计算通过拒绝此关键字定义的子集的上界 SUP，然后转到步骤 6。

6）**If** SUP$\leqslant$INF，则删除该子集，进行步骤 5；**else** 按 2 所述插入子树集，并将找到的分支与值 SUP 一起添加到 Keywords_Grouping_List 中。

If 此解决方案的预期利润$>$ INF，**else** 更新 INF，转到步骤 3。

7）返回相应的关键字分组结果 x。

算法 BBKG 在预算机会约束和风险承受能力范围内的最佳关键字分组解决方案中搜索解决方案的完整空间。关键字分组解决方案是 $n*m$ 的 0—1 矩阵。在此过程中的任何时候，关键字分组解决方案空间的搜索状态都由该空间的一个尚未探索的子集池以及目前找到的最佳关键字分组解决方案来描述。最初，只有一个子集存在，即完整解空间，而当前时期找到的最佳解为∞。未开发的子空间表示为动态生成的搜索树中的节点，该树最初仅包含根，并且关键字分组分支定界算法的每次迭代都处理一个这样的节点。迭代具有三个主要组成部分：选择要处理的节点、分支和定界计算。本书选择要处理的节点的策略是按预期关键字利润的降序排列。选择节点后的迭代操作是分支，即将节点的解空间细分为 $m+1$ 个子空间（即 $m+1$ 表示将关键字分配给 m 个广告组之一或不分配到任一广告组中的情况）并在后续迭代中进行调查。对于每一个广告组，按照广告组预算的降序，计算子空间的边界函数，并将其与当前最佳解决方案进行比较,然后在必要时在节点上进行分支。通过使用内点法计算边界以解决连续松弛的关键字分组模型。如果可以确定子空间不能包含最优解,那么将丢弃整个子空间,否则检查子空间是否与保持最佳状态的当前最佳关键字分组解决方案相比包含更优的解决方案。当解决方案空间中没有剩余的未探索部分时,搜索将终止,然后将最优解决方案记录为"当前最佳"。

3.4 关键字分组实验

本书基于两个真实的数据集进行了一组计算实验,以验证本书的关键字分组模型和分支定界算法。本书实验的目的是双重的。首先,本书旨在通过将其与五种基准方法进行比较,以评估本书的关键字分组方法的有效性,评估指标涉及利润、投资回报率 $\mathrm{ROI} = E\left[\sum_{j=1}^{m}\sum_{i=1}^{n} x_{ij} d_i c_{ij} (r_{ij} v_i - p_{ij})\right] /$ $E\left[\sum_{j=1}^{m}\sum_{i=1}^{n} x_{ij} d_i c_{ij} p_{ij}\right]$,投资回报率 ROI 定义为预期利润除以预期总成本,和分配给广告组的关键字数量。其次,本书探讨了本书的方法带来的风险以及广告主不同风险容忍度对关键字分组决策的影响。

3.4.1 数据说明

数据集 1 收集了来自一家电子商务公司提供的广告活动日志,该公司在 2016 年 6 月至 2017 年 3 月期间在亚马逊上推广了庆祝类别商品。该公司专注于蛋糕礼帽和生日快乐装饰品的销售。在数据集 1 中,本书选择其主要广告计划之一,即"庆祝商品系列"作为实验对象。该广告计划的标题为"庆祝商品系列",其设置如表 3.4 所示。该广告计划最初由广告主分为两个广告组,即庆典横幅广告组(包含"生日快乐标志""喜爱您的标志""盛大的开幕式丝带""横幅""粉红色的生日快乐横幅"等关键字)和蛋糕装饰广告组(包含"黑色蛋糕支架""米奇蛋糕礼帽""婚礼蛋糕礼帽""1岁生日蛋糕礼帽""金蛋糕礼帽"等关键字)。这两个广告组的潜在客户分别对庆典横幅和蛋糕装饰用品感兴趣。此广告系列包含两个广告组的90个关键字。数据集包含关键字的活动记录,其中包括触发广告的关键字、展示数、点击数、点击率、转化率、平均每次点击费用和销售收入。可以根据该广告计划的历史报告和日志以及广告主的专有信息来估算随机因素(例如关键字费用)的平均值和标准差。表3.5中显示了数据集1的摘要统计信息。

表 3.4　数据集 1 的广告计划设置(亚马逊广告)①

设置	选择	说　明
广告计划名称	庆祝商品系列	广告主选择的广告计划名称将在广告计划管理中显示
定位类型	自动定位	定位使用关键字和产品在搜索页面和详细信息页面上向相关购物者展示广告主的广告。对于赞助搜索广告产品计划,广告主可以创建两种类型的定位:自动和手动
出价策略	动态出价	赞助搜索广告平台实时提高广告主对可能转化获取利润的关键字的出价,并降低对不太可能转化产生利润的关键字的出价

表 3.5　数据集 1 的汇总统计

变量	搜索需求	CTR	CVR	VPC	CPC	关键字成本
Mean	1211.90	0.04	0.53	16.31	0.30	2.13
SD	2296.07	0.15	0.37	14.64	0.08	3.67

---

①　资料来源:Amazon Advertising. Create a Sponsored Products campaign. Available at https://advertising.amazon.com/help♯GJUCNANNV3GQVXJZ. Accessed on June 21,2019.

数据集 2 记录了一家销售运动服的大型公司在 2016 年 1 月至 9 月在 Google AdWords 上投放的广告计划。在数据集 2 中，所选的广告计划标题为"运动鞋系列"，其具体设置在表 3.6 中展示。此广告计划最初由广告主划分为三个广告组，即篮球鞋广告组（包含"篮球鞋""廉价篮球鞋""儿童篮球鞋""神户篮球鞋""高帮篮球运动鞋"等关键字）、跑步鞋广告组（包含"跑步鞋""男子跑步者""购买跑步鞋""跑步运动鞋""在线跑步鞋""男子跑步鞋"等关键字）和足球鞋广告组（包含"足球鞋""室内足球鞋""足球运动鞋""足球靴""儿童足球鞋"等关键字）。这三个广告组的潜在客户对不同运动类型的鞋子感兴趣。该数据集包含三个广告组的 305 个关键字。数据集 2 包含与数据集 1 相同的关键字活动指标记录，可以以类似的方式获得随机因子关键字成本的均值和标准差。表 3.7 中显示了数据集 2 的摘要统计信息。

表 3.6　数据集 2 的广告系列设置（Google AdWords）①

设 置	选 择	说　明
广告计划名称	运动鞋系列	广告主的广告计划名称
广告计划类型	搜索网络广告计划	调整广告计划的设置，使其在谷歌网站上展示广告，从而吸引更多访问者访问广告主的网站
网络	包括搜索合作伙伴	表明广告主希望其广告出现在与谷歌签订特殊合同的网站网络中，以便在其搜索结果上显示谷歌赞助搜索广告
交付方式	标准	随着时间平均的分配预算
广告投放时间	全天	开始和结束日期
竞价	自动出价策略	由 Google AdWords 提供，专注于获取转化

---

① 资料来源：Google AdWords. About campaign settings. Available at https://support. google. com/google-ads/answer/1704395? co = ADWORDS. IsAWNCustomer% 3Dfalse&hl = en. Accessed on June 21, 2019.

表 3.7　数据集 2 的汇总统计

变量	搜索需求	CTR	CVR	VPC	CPC	关键字成本
Mean	289.57	0.17	0.35	21.90	1.15	8.95
SD	2279.9	0.23	0.57	54.53	0.4	41.22

这两个数据集非常丰富,可以用来研究关键字分组模型和解决方案的有效性。本书假设关键字广告相对应的广告质量没有显著差异,因为这是经过多年发展完善的赞助搜索广告工作。

3.4.2　实验设置

接下来的实验中,本书进行如下设置。对于第一个数据集,所选广告计划中关键字的总费用为 19 200[①]。在数据集 1 上进行的实验中,本书将广告计划的总预算从 2 000 以每次 2 000 的标准增至 20 000,并以 2∶1 的比例分配给两个广告组。对于第二个数据集,目标广告计划中关键字的总费用为 66 786。在数据集 2 上进行的实验中,本书将广告计划的总预算从 10 000 增加到了 70 000,逐步增加 10 000,并按 3∶2∶1 的比例分配给三个广告组。在以下实验中,机会约束的概率(α_j)设置为 0.95。在不同级别的广告系列预算下,风险偏好的广告主的风险容忍度为 $\theta = \infty$,而对于风险厌恶的广告主的风险容忍度为 $\theta = 0.3$。

3.4.3　实验结果分析比较

在关键字分组方法评价指标,利润、投资回报率和分配给广告组的关键字数量方面,我们将本书提出的 BBKG 方法与五个基准关键字分组方法进行了比较。据我们所知,关于关键字分组的研究还很有限,而最新的文献中也没有报道比较方法。为了进行比较,本书实现了实践中常用的两种基准关键字分组方法,以及从关于关键字聚类的文献中获得的两种

---

① 因该数字为模拟实验,故不加单位,特此说明。

基准关键字分组方法,第五种是从本书的方法中获得的确定性基准关键字分组方法。第一个基准关键字分组方法代表广告主将所有关键字放入单个广告组(即 BASE1-Nogrouping)的情况。第二个基准关键字分组方法根据广告主要推广的产品(即 BASE2-Product)进行细分。第三种基准关键字分组方法(即 BASE3-Kcluster)源自 Ortiz-Cordova and Jansen (2012)中应用的 k 均值聚类算法,以了解查询词的潜在意图,该方法将具有类似在线行为特征的关键字归类,例如每次访问的页面数和点击率。BASE3-Kcluster 使用与每个推荐关键字相关的一组特征对关键字进行分类,包括展示数、点击率、每次点击费用、转化率和每转化价值。第四种基线方法(即 BASE4-Hierarchy)是从关键字层次结构中得出的(Agarwal and Mukhopadhyay,2016)。具体而言,基于高质量的网络目录(例如维基百科)构建特定于域的概念层次结构,然后通过将关键字与相关概念进行匹配来建立关键字层次结构。基于此关键字层次结构,可以将关键字分为与不同主题相关的几个子集。第五个基准关键字分组方法(即 BASE5-Profit)根据从第 3.2 节中开发的随机关键字分组模型得出的确定性模型,根据贪婪方式获得的利润,将关键字按顺序分配到广告组中。在以下实验中,本书分别使用第 3.3 节中提出的关键字分支定界模型的解法和五个基准关键字分组方法将目标集合中的关键字分配到广告组中。

图 3.1 和 3.2 分别显示了在数据集 1 中,本书的 BBKG 方法和五个基准关键字分组方法在不同预算水平下所获得的利润和投资回报率。数据集 2 的相应结果如图 3.3 和 3.4 所示。

根据图 3.1 至图 3.4,我们观察到以下内容:

(1)在数据集 1 和数据集 2 上,通过本书的方法和五个基准关键字分组方法获得的利润随着总预算的增加而增加。通常,随着可用预算的增加,广告组会包含更多的关键字,然后产生更多的利润。

(2)在数据集 1 和数据集 2 上,本书的 BBKG 方法在利润和 ROI 方面均优于其他五个基准关键字分组方法。这是因为,一方面,本书的方法可以通过考虑不确定性来遍历更多的可能性。另一方面,存在一些高利润但价格昂贵的流行关键字。这些基准关键字分组方法往往将最热门关键字分配给广告组,而错过一些利润或投资回报率没那么高但更适合广

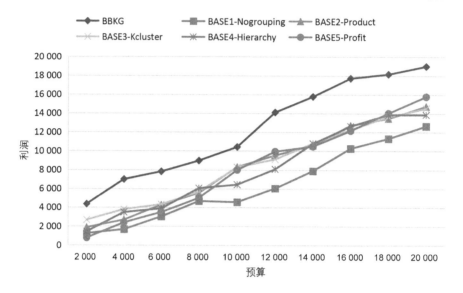

图 3.1　BBKG 和五个基准方法在数据集 1 中获得的利润

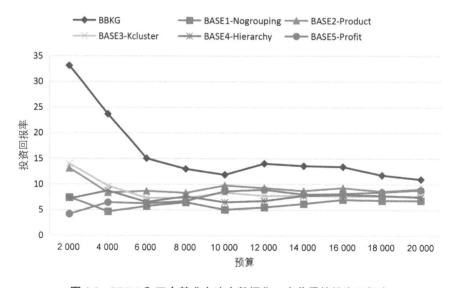

图 3.2　BBKG 和五个基准方法在数据集 1 中获得的投资回报率

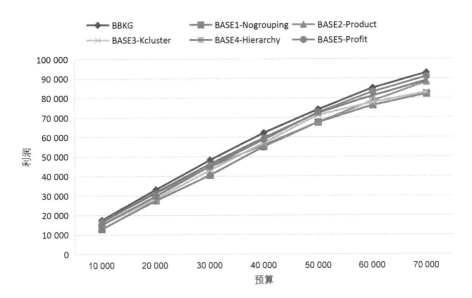

图 3.3　BBKG 和五个基准方法在数据集 2 中获得的利润

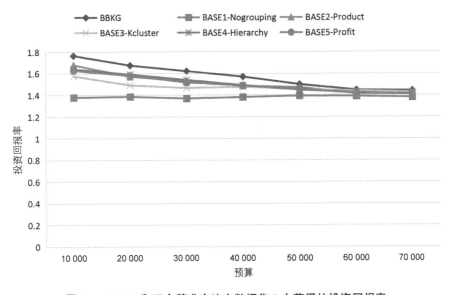

图 3.4　BBKG 和五个基准方法在数据集 2 中获得的投资回报率

告主的关键字。但是,本书提出的基于分支定界算法的关键字分组方法
可以通过遍历关键字分组决策的解空间来避免这种情况。

（3）在数据集 1 和数据集 2 上，当预算受到严重限制时，五个基准关键字分组方法的收益表现相似。这表明在预算有限的情况下，我们可以使用 BASE1-Nogrouping 近似其他四个基准关键字分组方法；但是，随着预算的增加，其他四个基准关键字分组方法变得优于 BASE1-Nogrouping。在投资回报率方面，BASE1-Nogrouping 表现最差，这一结果暗示了关键字分组决策的必要性。随着预算的增加，广告主需要分配更多的关键字。在如此复杂的广告市场环境中，关键字分组方法显然可以帮助广告主在利润方面获得更多的优势。

（4）在数据集 1 上，对于本书的方法和五个基准关键字分组方法，分配更多的预算，同时保持其他量不变，那么在某些时候不一定会产生边际收益递减的现象；但是，在数据集 2 上，边际利润随预算而减少。换句话说，经济学的收益递减规律（Samuelson，2001）不一定适用于关键字分组问题。可能的解释是，高利润关键字通常会带来相对较高的成本，而成本可能会随着预算的增加而得到满足，但在预算较低的情况下高收益高成本的关键字无法分配到广告组中。因此，在这种情况下，关键字分组的边际利润可能会随着预算的增加而增加。这两个数据集的边际收益差异在于，在数据集 1 上进行的实验在初始阶段提供的预算十分有限，而在数据集 2 上，我们最初分配的预算相对较高，故后者相较于前者有足够预算将高利润高成本关键字分配到相应的广告组中。

（5）在数据集 1 和数据集 2 上，当预算有限时，本书的方法优于其他五个基准关键字分组方法，且投资回报率 ROI 差距相对较大，但它的优势随着预算的增加而下降。原因是当预算变得充裕时，即使选择了高成本的关键字，仍然会留下很多预算，因此，减少了五个基准关键字分组方法因选择高成本的关键字而对利润产生的负面影响。故随着预算的增加，本书的方法在投资回报率上的表现和五个基准越来越接近。

图 3.5 和图 3.6 显示了在两个数据集中，不同预算水平下，本书的 BBKG 方法和五个基准关键字分组方法分配的关键字数量。

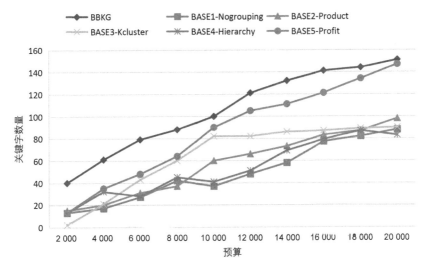

图 3.5　BBKG 和五个基准方法在数据集 1 中分配的关键字数量

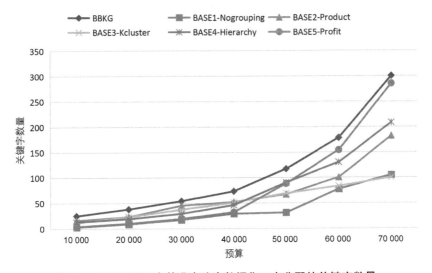

图 3.6　BBKG 和五个基准方法在数据集 2 中分配的关键字数量

根据图 3.5 和图 3.6,我们观察到以下现象:

(1)总体而言,分配的关键字数量随着预算的增加而增加。在给定的预算水平下,本书的 BBKG 方法比五个基准关键字分组方法分配了更多的关键字。长尾现象在搜索引擎营销中至关重要(Budhiraja and

Reddy，2017）。长尾关键字是指用户在搜索时使用过但是使用频率较低不那么热门的关键字。本书的方法是搜索全局最优值，本书提出的最优方法能够跳过一些热门关键字，将更多更适合的长尾关键字分配给广告组。

（2）与其他四个基准关键字分组方法类似，BASE5-Profit 最初在数据集 1 和数据集 2 上分配的关键字少于本书的方法。但是，随着预算的增加，BASE5-Profit 分配的关键字数量比其他基准增长得更快，并且最终与本书的方法接近。这是因为 BASE5-Profit 是一种贪婪策略，它将热门关键字按顺序分配到广告组中，从而做出局部近似最佳的选择。然而高收益关键字在初始阶段会占用过多预算，这使得 BASE5-Profit 在预算非常紧缺的情况下仅将有限数量的关键字分配到广告组中。但是，BASE5-Profit 是从本书的方法中派生的确定性模型。因此，当预算足够大时，它可以获得与本书提出的关键字分组方法相似的关键字分配数量。

从图 3.1、图 3.3、图 3.5 和图 3.6 中，我们可以看到，在数据集 1 上，尽管 BASE2-Product 分配的关键字少于 BASE5-Profit，但获得了相似的收益；同样，在数据集 2 上，BASE3-Kcluster 分配的关键字数少于 BASE2-Product，但是获得了更高的利润。据此我们可以了解到，在广告组对于不同的关键字分组方法，并非总是分配更多的关键字就一定会带来更高的利润。

在不同的预算水平下，不同的关键字分组方法具有不同的风险级别。图 3.7 和图 3.8 显示了在两个数据中，本书的 BBKG 方法和五个基准关键字分组方法不同预算水平下的风险。

从图 3.7 和图 3.8 中，我们可以看到，在数据集 1 上，本书的方法在初始阶段（即预算为 20 的情况下）显示出相当高的风险，与 BASE2-Product 几乎相同，但是很快就降低了，并且低于其他五个基准关键字分组方法；在数据集 2 上，与五个基准关键字分组方法相比，在大多数情况下，本书的方法显示出相对较低的风险。结合图 3.1 和图 3.2，它表明 BBKG 优于

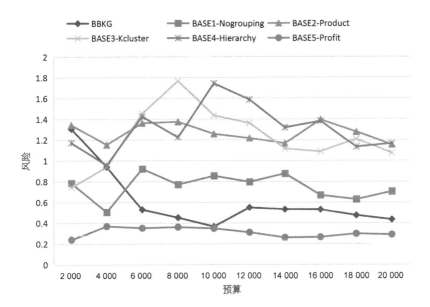

图 3.7　BBKG 和五个基准方法在数据集 1 中不同预算下的风险

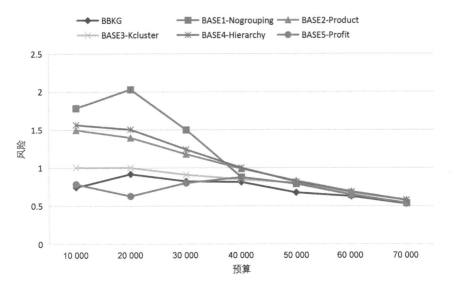

图 3.8　BBKG 和五个基准方法在数据集 2 中不同预算下的风险

五个基准关键字分组方法,因为它可以在相对较低的风险下,获得最高利润。

在五个基准关键字分组方法中，BASE5-Profit 是唯一考虑广告主的风险承受能力的关键字分组基准方法。实际上，BASE5-Profit 使用从本书中提出的随机关键字分组模型（即公式 3.1）转换而来的确定性模型。因此，通过与 BASE5-Profit 进行比较，本书研究了广告主的风险容忍度在关键字分组决策中的作用。对于每种方法，本书针对风险的不同态度考虑关键字分组方法的两个版本：风险厌恶（RiskAverse）和风险偏好（RiskLoving），前者为模型（3.4）的最优解，而后者是 $\theta=\infty$ 的特例。

图 3.9 和图 3.10 显示了在两个数据集上，本书的方法（BBKG）在不同预算水平下，风险偏好的广告主（风险容忍度 $\theta=\infty$ ）和风险规避的广告主（风险容忍度 $\theta=0.3$）的利润和相应风险。

图 3.11 和图 3.12 分别显示了在两个数据集上，本书的 BBKG 方法和 BASE5-Profit 在不同预算水平下，规避风险广告主（风险容忍度 $\theta=0.3$）的利润和相应风险。

从图 3.9 至图 3.12，我们观察到以下内容：

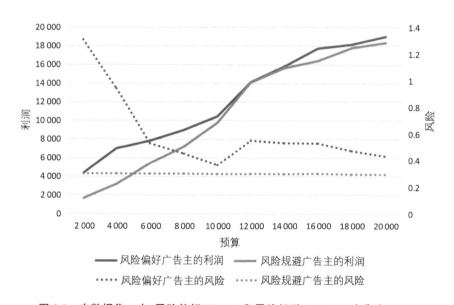

图 3.9　在数据集 1 中，风险偏好（$\theta=\infty$）和风险规避（$\theta=0.3$）广告主 BBKG 在不同预算下的利润和风险

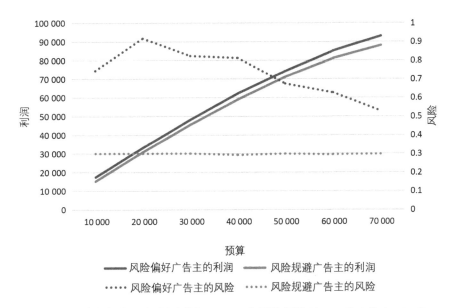

图 3.10　在数据集 2 中,风险偏好($\theta = \infty$)和风险规避($\theta = 0.3$)广告主 BBKG

在不同预算下的利润和风险

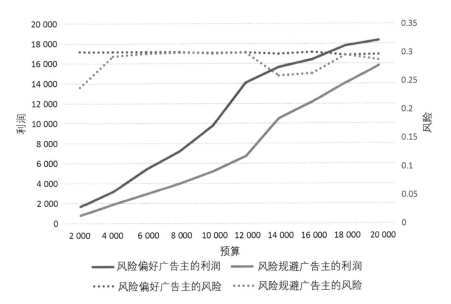

图 3.11　在数据集 1 中风险规避广告主($\theta = 0.3$)BBKG 和 BASE5-Profit

在不同预算水平下的利润和风险

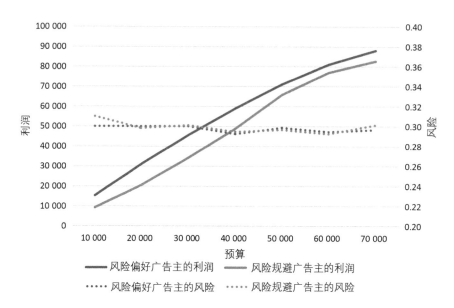

**图 3.12　在数据集 2 中风险规避广告主($\theta = 0.3$)BBKG 和 BASE5-Profit
在不同预算水平下的利润和风险**

（1）对于风险偏好的广告主而言，在期望利润方面，冒险策略显然比避险策略表现更好。其背后的原因是，规避风险策略强制降低广告主的风险至广告主的风险容忍度水平，从而限制了广告的预期利润。由此可知，风险态度在关键字分组决策中起着重要作用。具体来说，容忍度会影响关键字分组决策中最佳解决方案的确定，而较高的容忍度通常会带来更多的预期利润。它与金融经济学中的风险和预期利润之间的正相关性质相吻合（Kosuch and Lisser，2010）。

（2）对于风险规避的广告主而言，本书的关键字分组方法和 BASE5-Profit 均可获得到可接受的关键字分组结果，但本书的方法相对优越，能够以较低的风险获得更高的利润。这意味着与 BASE5-Profit 中使用的贪婪算法相比，本书用于关键字分组决策的分支定界算法可以带来最佳解决方案。

3.5 本章小结

在本书中,我们考虑到广告预算限制和风险承受能力,提出了一种随机关键字分组方法,以最大化赞助搜索广告中广告主的预期利润。本书的模型将点击率和转化率作为随机变量。本书为构建的关键字分组模型开发了一种分支定界算法解决方案。此外,本书从历史赞助搜索广告活动的报告和日志中收集了两个真实世界的数据集,通过实验以验证本书的模型和解决方案的有效性。实验结果表明,就利润和投资回报率而言,本书的关键字分组方法优于其他五个基准关键字分组方法。随着广告预算的增加,本书的方法可以以相对较低的风险,稳定地近似达到最优关键字分组方案。

这项研究产生了一些有趣的发现,这些发现为赞助搜索广告的广告主阐明了启发性的管理见解。首先,随着预算的增加,本书的方法和其他四个基准关键字分组方法变得比 BASE1-Nogrouping 更优越。这表明关键字分组是赞助搜索广告不可忽视的关键广告决策,尤其是在具有大量关键字的更复杂的市场环境下。

其次,在关键字分组决策中,随着预算的增加,利润也相应增加;但是,边际利润不一定会保持下降趋势。换句话说,边际利润并没有显示出边际递减效应,它并不总是随着预算的增加而减少。更具体地说,在预算充足的情况下,边际利润通常随预算而减少;而在预算有限的情况下,边际利润会随预算而上下波动。因此,增加关键字分组决策中的预算可以被视为广告主获得额外利润的一种尝试。

再次,最优关键字分组解决方案本质上是多方面权衡的结果。广告主需要综合考虑各种因素(例如预算、广告主的风险承受能力和关键字效果指标),以便获得最佳的关键字分组决策。因此,将更多的关键字分配给广告组或增加预算不一定总是会带来更高的利润。这对广告主来说是一个重要的警告,即以关键字数量作为关键字分组决策的唯一标准是不明智的。

最后,随着预算的增加,风险会不断地上下波动。鉴于预算已确定,广告主对风险的态度会影响关键字分组决策的最优解决方案。本书的最优关键字分组方法可以帮助广告主在赞助搜索广告中以相对较低的风险获得更多利润。

4 关键字投资组合策略研究

4.1 问题背景

在赞助搜索广告中,广告主必须选择和组织关键字并对其设置出价,以便将其广告显示在搜索引擎结果页面上,作为对搜索用户发出的相关查询的响应。在赞助搜索广告中,对于广告主而言,如何有效管理关键字是一个至关重要的问题。

从实际操作的角度来看,关键字管理是广告主在进行赞助搜索广告活动时面临的第一个问题。赞助搜索广告中与关键字管理相关的挑战很多。一方面,在多个关键字与某个查询相关的情况下,关键字之间存在复杂的交互作用(Feldman and Muthukrishnan,2008)。相互依赖性使关键字管理成为一个复杂的问题(Dhar and Ghose,2010)。而且,关键字管理不仅指广告和关键字之间的匹配,关键字之间的匹配同样是广告主面临的重要问题。具体而言,在广告主感兴趣的特定于目标集合中添加和删除关键字将改变赞助搜索广告活动的效果。但是,现有的主要研究假设每个关键字独立发挥作用,然后以这种独立关系的方式对关键字进行广告决策优化。带有这种假设的方法往往会高估某些关键字,低估其他关键字。因此,它们将不可避免地导致偏差,进而降低广告推广活动的效率。另一方面,目前研究对主要搜索引擎定义的广告结构相关的关键字决策的关注度不够。与传统广告的扁平结构相比,赞助搜索广告是具有结构性的广告形式(Yang et al.,2017)。在这种情境下,最近出现了有关关键字分组的工作(例如 Li and Yang,2019)。除了以上讨论的两个方面外,赞助搜索广告环境和相关因素具有高度不确定(Yang et al.,2013)。也就是说,由于赞助搜索广告市场对有关关键字的实时信息的响应滞后,因此广告主必须在获得关键字效果指标信息之前做出与关键字相关的决策。这样,由于关键字利润不确定性带来的风险,广告主无法从利润最高的关键字中获得所需的最大利润。

金融投资组合理论是许多重要管理决策的有效工具。Markowitz(1952)提出了他的投资组合理论,用于管理金融领域的股权投资。后来,投资组合模型广泛应用于市场营销相关研究,涉及业务部门、产品和产品线、品牌和客户等多个领域。例如,Tarasi et al.(2011)表示金融投资组合理论提供了一种平衡客户投资组合中的风险和回报的组织框架。

从学术角度来看,Dhar and Ghose(2010)认为,通过互联网上具有信息技术支持的平台来增加信息的可用性将使赞助搜索广告市场更加有效,就像通过信息技术获得更多信息来使金融市场随着时间的推移更加有效一样。因此,他们研究的实际含义是,广告主可以将金融的概念和理论应用于赞助搜索广告中,以通过利用当前市场的效率来最大化其投资回报。从运营的角度来看,赞助搜索广告是一项投资,而广告主必须将预算分配给广告组,然后对关键字进行出价并为广告获得的点击付费,理想情况下,他能够从访问者那里获得的收入以及由此产生转化,这将使他的关键字广告投入具有高回报性。[①]

因此,将金融投资组合理论应用在赞助搜索广告中的关键字管理在概念上十分具有吸引力。一方面,金融投资组合理论指出,投资者可以利用风险资产收益之间的相关性(即协方差)形成数学上有效的多元化投资

---

① 参见 WordStream. Keyword Advertising：How to Use Keyword Marketing for Your Business. Available at https://www.wordstream.com/keyword-advertising. Accessed on January 10,2019.

组合,从而可以在不牺牲潜在收益的情况下降低投资组合的风险。同样,它可用于模拟关键字之间的交互关系。另一方面,金融投资组合理论表示可以使用聚类的方法将股票分为互斥组。金融资产的聚类分析使投资者能够找出哪些资产组合可以构成一个多元化的投资组合。这种聚类分析适用于赞助搜索广告的分层广告结构(即广告计划、广告组和关键字)。另外,由于市场的不确定性和随机性,股票价格以不可预见的方式波动。投资者通常拥有多样化的投资组合,以便在可以风险容忍度内的特定不确定性水平上产生期望的回报。这可以用来解决赞助搜索广告市场中的不确定性问题。根据本书在金融市场和赞助搜索广告市场之间进行的并行分析,本书发现金融市场提供了一套稳定且易于理解的概念,能够适用于赞助搜索广告市场中的分析和管理工作。

这项研究旨在探索赞助搜索广告结构(即关键字组合)的关键字组织方法,并考虑到关键字之间的潜在相互作用,以及广告效果和赞助搜索广告市场环境等方面的不确定性。为此,本书假设每个关键字都可以被视为类似于金融资产(如股票)的微型市场,并利用金融投资组合理论(Markowitz,1952)来处理赞助搜索广告中的关键字组合问题。尽管在管理、市场营销、金融和经济学文献中,关于资产或资源的构成存在很多争论,但资产大致可以广义地定义为能够实现资产或资源价值的任何物质、组织或人的属性。公司通过对资产的管理,提高其在市场上的运行效率、实效有效性的战略管理计划(Barney,1991)。因此,在赞助搜索广告中,广告主可以采用这样的观点,即认为关键字是资产,而关键字管理是对赞助搜索广告的投资。在金融方面,投资者使用术语"投资组合"来描述资产的集合以及资产根据其在所有者投资中的作用而制定的不同管理策略。投资组合在赞助搜索广告中的关键字策略优化相应的具体语境中具有相似的含义。关键字组合通过在具有不同风险回报特征的基于市场的资产(即关键字)中,进行选择并分配资源(即预算),来优化赞助搜索广告计划的效果。就像在金融市场中,投资者旨在最大程度地提高其股票投资组合的风险调整后的回报一样,广告主的目标是在赞助搜索广告中最大化利润并最小化其投资组合中的风险。

金融投资组合理论认为,尽管资产是单独选择的,但对资产进行选择和分配的最终目标是对整个投资组合进行衡量,其中存在风险与收益之间的权衡。与其他非多样性投资组合优化方法不同,金融投资组合理论采用"预期收益—收益方差"规则来使投资组合多样化,从而产生最大的预期收益。本书从理论上分析传统金融投资组合和关键字投资组合之间在资产、收益和不确定性方面的异同。像金融投资组合一样,关键字投资组合是通过在具有不同风险-利润特征的市场资产(即关键字)中进行选择,并在广告组和关键字上优化分配资源(例如预算分配)以最大程度地实现预期收益(Yang et al., 2015)。在赞助搜索广告市场中实施金融中的风险管理技术,可以确保关键字之间的多样性。此外,根据金融投资组合理论的原则,所产生的关键字组合将避免关键字蚕食,即内部相互竞争的现象。

本书在金融投资组合理论的框架内研究关键词投资组合。首先,本书通过将关键字作为资产来构建关键字组合模型。具体来说,关键字组合的风险函数由每对关键字之间的相关性定义,即两个关键字的现金流量之间的协方差。本书假设广告效果的协方差反映了关键字之间的潜在互动关系(例如互补和替代)。关于金融资产分类,本书在广告主的风险—收益概况中细分了广告主的关键字集合。其次,本书为关键字和细分组合构建有效的边界,以满足各种风险盈利偏好。此外,本书使用从现场报告和赞助搜索广告活动日志收集的面板数据集,利用广告主使用的投资组合和均匀分配投资组合作为基准方法,测试了本书的模型和有效边界的可行性。实验结果表明,本书的有效投资组合的风险始终低于两个基准方法,并且从长期来看,其利润表现要更好。

4.2　关键字投资组合概念框架

4.2.1　搜索市场投资和关键字资产

按照 Srivastava et al.(1998)的框架本书定义广告主的资产为不同类别的关键字,资产间的区别体现在关键字现金流的可变性和波动性程度的不同。现金流是指转入或转出业务的现金和现金等价物的净额。在赞助搜索广告级别,关键字为广告主创造价值的能力取决于其转化产生正现金流(即利润)的能力。在金融市场中,投资组合决策涉及股票和债券的各种资产类别之内和之间的选择。同样,在赞助搜索广告中,关键字组合决策涉及目标市场中关键字的不同资产类别之内和之间的选择,并为广告主提供不同的风险收益曲线。因此,与关键字相关的花费应被视为投资而非支出。目标关键字集合的价值可以为广告主的广告计划的价值提供强有力的指导。

在对添加到投资组合中的关键字中进行选择时,新添加的关键字的转化效果与当前投资组合中的转化性能相关性越小,则其对投资组合的稳定性和可预测性的贡献就越大。相反,新增关键字转化性能越类似于现有投资组合,其贡献就越弱。因此,关键字的吸引力不仅取决于其效果指标(例如点击率和转化率),还取决于其转化模式与关键字组合中其他关键字的转化模式之间的差异。一个关键字的利润下降可能会被另一个关键字的收益增加所抵消。通过开发经过风险调整的关键字组合以实现利润目标,广告主可以为赞助搜索广告价值作出贡献。由于投资者青睐稳定而不是波动的收入,更稳定和可预测的现金流减少了营运资金需求,因此广告主可以通过降低关键字的现金流的脆弱性和波动性来提高投资组合的收益(Srinivasan and Hanssens,2009)。

4.2.2 关键字投资组合与金融投资组合

像股票一样,关键字代表风险资产,通过拍卖机制(例如通用赞助搜索广告竞价)和按点击数付费模式的关键字成本,反映预期随着时间的推移产生的现金流。尽管如此,本书还是承认金融投资组合和关键字投资组合之间存在差异。在以下部分中,本书将就资产的性质、收益和不确定性分析金融投资组合和关键字投资组合之间的异同。

(1)关键字投资组合与金融投资组合的资产。首先,与典型的金融投资组合相比,关键字投资组合代表了赞助搜索广告活动整个生命周期中跨多个层级的结构性赞助搜索广告决策的一部分,这些决策嵌入到了更为复杂的投资管理环境(即赞助搜索广告)中。其次,在金融市场中,投资者可以从他们熟悉的广泛市场领域中进行投资组合。但是,广告主必须在与其产品(或服务)相关的一组目标关键字中进行选择。而且,不能保证与关键字相关的广告一定会赢得拍卖的展示机会;即使它显示在搜索引擎结果页面上,也不确定潜在的消费者是否会点击。最终购买转化取决于很多其他因素(例如产品研究、品牌维护、促销等)。最后,金融资产很容易地识别,并能够很方便的买入任何大小数量的资产,这是一个连续的过程。相反,广告主可以选择关键字并更改分配给特定关键字的投资比例;但是,关键字不是无限可分割的。投资者可以通过出售一个行业(例如能源)的股票并购买另一个行业(例如服装)的股票来随时调整多个行业的投资组合权重。同样,广告主也可以通过一组关键字动态地更改其投资。但是,广告主无法出售关键字。

(2)关键字投资组合与金融投资组合的收益。一方面,在金融投资组合中,回报率与公司的业绩和市场环境有关,但与投资额无关(Tarasi et al.,2011)。相反,在赞助搜索广告中,边际收益随着广告投入的增加而减少。另一方面,管理控制是区分关键字投资和金融投资的几个独特特征之一。当投资者确定特定资产类别的最佳权重然后购买相关证券时,不会对该资产类别的风险和回报产生影响。然而,广告主可以通过一些广告优化操作来对关键字组合的风险和回报特征施加一定的控制。具体来说,分配给关键字的投资权重为确定广告展示位置的出价提供了有价值的线索。反过来,广告排名会严重影响点击率和转化率。这样,对关键字的投资权重最终将与赞助搜索广告中关键字组合的回报有关。

(3)关键字投资组合与金融投资组合的不确定性。在对投资项目进行分析时,风险的概念与投资的不确定性有关。Srivastava et al.(1997)将金融市场中的风险因素分为三类:外部因素、竞争环境的变化和企业本身的营销行为。同样,赞助搜索广告也遭受三种不确定性的影响:来自市场噪音的干扰(例如,社会热点新闻使某些关键词的搜索量和点击量急剧增加),由于技术发展而产生的不确定性(例如,搜索引擎针对以下内容改进了其广告展示排名算法)以及源自竞争波动性的不确定性(例如,广告主可以任意调整其策略)。与金融市场类似,在关键字投资组合情境中,利润与期望值的偏差提供了风险的度量。

(4)关键字投资组合的应用。关键字投资组合和金融投资组合之间的主要区别在于,广告主可以直接影响投资组合结果。通过选择合适的关键字作为目标并确定要分配的资源水平,可以提高广告主的盈利能力。本书的方法可以很容易地并入已建立的关键字管理框架中,帮助广告主平衡关键字组合中的风险和收益。为了利用金融投资组合分析的优势,同时管理相关的约束和限制,广告主可以检查其当前关键字投资组合的风险收益特征和结构。但是,在将金融理论应用于关键字组合管理时,必须理解和管理一些关键限制。首先,在严重的经济压力时期,以前不相关的关键字可能会突然产生联系,限制了多元化带来的优势。其次,本书的方法确定了如何将当前的关键字集合重新配置为最佳组合,但是其中一些调整成本很高,并且会超出本书的分析范围(例如产品研究、品牌维护、客户关系管理)可能会引发一系列战略管理问题。最佳投资组合可以视为,从理想的目标关键字集合中,广告主随时间对关键字进行评估、修改和组合。因此,优化过程应包括基于管理判断的定性叠加,以得出资源分配的建议。Markowitz(1952)在其开创性著作中强调其方法所产生的统计结果应被视为是初步的,然后通过"基于正式计算未考虑的因素或细微差别"的判断加以丰富。最后,本书的分析研究了单个关键字的利润,但没有评估其他影响单个关键字获利能力的重要因素(例如位置或竞争)。

(5)关键字投资组合适用的广告情境。本书的方法特别适用于构成广告主关键字组合的各个细分市场的可变性存在有意义的差异的情况。具体来说,本书的方法可能适合于综合商业市场中拥有多种商品的广告主。如果细分市场趋于高度相关,则此方法的适用性将会减小。

4.3 模型建立与描述

Markowitz(1952)使用收益的方差来衡量风险,代表了遇到期望以外结果的可能性。金融投资组合理论建议投资者构建主导投资组合,即对于任何收益水平而言风险最小的风险投资,对于任何风险水平而言收益最大的风险投资。在赞助搜索广告中,可以使用广告活动的历史报告和日志以及广告主的专有信息来计算与每个关键字的现金流相关的风险和收益。历史分析基于未来将与过去一样且差异很难预测的假设。故本书假设过去的关系和相关性足够稳定,并且过去的可变性可以很好地代表未来的可变性。

在本书中,我们将建立关键字投资组合模型,以在赞助搜索广告中最大化期望的组合收益并最小化组合风险。由于收益是根据风险进行补偿的,因此广告主必须对其投资的风险收益进行权衡。没有任何一个投资组合可以满足所有广告主的关键字组合优化需求。最优关键字投资组合取决于广告主的风险收益偏好。这项研究考虑的关键字组合决策方案是:给定特定于广告计划的 n 个关键字 $k_1, k_2, \cdots, k_n$,这些关键字在目标关键字集中可用,并且可以被视为资产;广告主(投资者)通过选择要使用的关键字,确定为每个关键字分配多少资产来尽可能有效率地分配预算。因此,关键字投资组合优化问题的决策变量是关键字权重向量 $\vec{w} = [w_1, w_2, \cdots, w_n]^T$,其中 w_i 作为关键字 i 在投资组合中的权重。

4.3.1 关键字投资组合模型的收益

令 d_{it}, c_{it}, v_{it} 和 p_{it}($i=1,2,\cdots,n, t=1,2,\cdots,T$)表示时间间隔 t 中第 i 个关键字的搜索需求即展示数、点击率、每点击价值(VPC)和每点击成本,T 表示来自关键字 k_i 的现金流期间的时间间隔数。在第 t 个间隔中关键字 k_i 的成本为 $d_{it} c_{it} p_{it}$,则相应利润为 $d_{it} c_{it} (v_{it} - p_{it})$。因此,$r_{it} = d_{it} c_{it} (v_{it} - p_{it}) / d_{it} c_{it} p_{it}$ 表示第 t 个间隔中关键字 k_i 的收益,其在整个周期内的平均值为 $\bar{r}_i = \dfrac{1}{T} \sum\limits_{t=1}^{T} d_{it} c_{it} (v_{it} - p_{it}) / d_{it} c_{it} p_{it}$。一组关键字的预期利润可以描述为向量形式 $\vec{r} = [r_1, r_2, \cdots, r_n]^T$,其中 r_i 为关键字 k_i 的平均收益。关键字组合的预期利润为每个关键字的加权平均收益之和为:

$$r_p = \vec{w}^T \vec{r} = \sum_{i=1}^{n} w_i r_i = \sum_{i=1}^{n} w_i \sum_{t=1}^{T} \frac{1}{T} d_{it} c_{it} (v_{it} - p_{it}) / d_{it} c_{it} p_{it}. \quad (4.1)$$

4.3.2 关键字投资组合模型的风险

在金融市场中,投资者通常使用现金流的标准差(或方差)来估算风险。在本书的研究中,我们将风险定义为与从赞助搜索广告中关键字获得的现金流相关的波动性或可变性。对于每个关键字,现金流的方差和协方差由方差—协方差矩阵 $V = \begin{bmatrix} \sigma_{11} & \cdots & \sigma_{1n} \\ \vdots & \ddots & \vdots \\ \sigma_{n1} & \cdots & \sigma_{nn} \end{bmatrix}$ 表征,其中 σ_{ii} 是 r_{it} 的方差,而 σ_{ij} 表示对于 r_{it} 和 r_{jt}($i \neq j, i,j=1,2,\cdots,n$)之间的协方差。具体来说,

$$\sigma_{ii} = \sigma_i^2 = \frac{1}{T-1}\sum_{t=1}^{T}(r_{it}-\bar{r}_i)^2 \tag{4.2}$$

$$= \frac{1}{T-1}\sum_{t=1}^{T}\left[d_{it}c_{it}(v_{it}-p_{it})/d_{it}c_{it}p_{it}-\frac{1}{T}\sum_{t=1}^{T}d_{it}c_{it}(v_{it}-p_{it})/d_{it}c_{it}p_{it}\right]^2$$

$$\sigma_{ij} = \frac{1}{T}\sum_{t=1}^{T}(r_{it}-\bar{r}_i)(r_{jt}-\bar{r}_j) \tag{4.3}$$

$$= \frac{1}{T}\sum_{t=1}^{T}(d_{it}c_{it}(v_{it}-p_{it})/d_{it}c_{it}p_{it})(d_{jt}c_{jt}(v_{jt}-p_{jt})/d_{jt}c_{jt}p_{jt})$$

$$-\left[\frac{1}{T}\sum_{t=1}^{T}d_{it}c_{it}(v_{it}-p_{it})/d_{it}c_{it}p_{it}\right]\left[\frac{1}{T}\sum_{t=1}^{T}d_{jt}c_{jt}(v_{jt}-p_{jt})/d_{jt}c_{jt}p_{jt}\right]$$

$$= E[r_{it}r_{jt}]-E[r_{it}]E[r_{jt}]$$

因此，关键字投资组合的风险为

$$\sigma_p = \vec{w}^T V \vec{w} = \sum_{i=1}^{n}\sum_{j=1}^{n}w_i w_j \sigma_{ij} \tag{4.4}$$

$$= \sum_{i=1}^{n}w_i^2\sigma_i^2 + \sum_{i=1}^{n}\sum_{j=1,j\neq i}^{n}w_i w_j \sigma_{ij}$$

$$= \sum_{i=1}^{n}w_i^2\frac{1}{T-1}\sum_{t=1}^{T}\left[d_{it}c_{it}(v_{it}-p_{it})/d_{it}c_{it}p_{it}-\frac{1}{T}\sum_{t=1}^{T}d_{it}c_{it}(v_{it}-p_{it})/d_{it}c_{it}p_{it}\right]^2$$

$$+ \sum_{i=1}^{n}\sum_{j=1,j\neq i}^{n}w_i w_j\left[\begin{array}{l}\frac{1}{T}\sum_{t=1}^{T}[d_{it}c_{it}(v_{it}-p_{it})/d_{it}c_{it}p_{it}][d_{jt}c_{jt}(v_{jt}-p_{jt})/\\ d_{jt}c_{jt}p_{jt}]-\left[\frac{1}{T}\sum_{t=1}^{T}d_{it}c_{it}(v_{it}-p_{it})/d_{it}c_{it}p_{it}\right]\frac{1}{T}\sum_{t=1}^{T}\\ d_{jt}c_{jt}(v_{jt}-p_{jt})/d_{jt}c_{jt}p_{jt}]\end{array}\right]$$

变异系数为 $CV=\sqrt{\sigma_{ii}}/r_i$，是变异的标准度量，用于校正各个关键字所遵循的平均现金水平差异。

4.3.3 关键字投资组合模型

通常，广告主旨在最小化风险并同时最大化预期收益。因此，关键字投资组合优化可以构建为多目标优化问题，如下所示：

$$\max\left\{\sum_{i=1}^{n}w_i\sum_{t=1}^{T}\frac{1}{T}d_{it}c_{it}(v_{it}-p_{it})/d_{it}c_{it}p_{it}\right\}$$

$$\min \left\{ \sum_{i=1}^{n} w_i^2 \sigma_i^2 + \sum_{i=1}^{n} \sum_{j=1,j\neq i}^{n} w_i w_j \sigma_{ij} \right\}$$

$$\text{s.t.} \sum_{i=1}^{n} w_i = 1, w_i \geqslant 0 \tag{4.5}$$

$$\sigma_i^2 = \frac{1}{T-1} \sum_{t=1}^{T} \left[d_{it} c_{it} (v_{it} - p_{it}) / d_{it} c_{it} p_{it} - \frac{1}{T} \sum_{t=1}^{T} d_{it} c_{it} (v_{it} - p_{it}) / d_{it} c_{it} p_{it} \right]^2$$

$$\sigma_{ij} = \frac{1}{T} \sum_{t=1}^{T} \left[d_{it} c_{it} (v_{it} - p_{it}) / d_{it} c_{it} p_{it} \right] \left[d_{jt} c_{jt} (v_{jt} - p_{jt}) / d_{jt} c_{jt} p_{jt} \right]$$

$$- \left[\frac{1}{T} \sum_{t=1}^{T} d_{it} c_{it} (v_{it} - p_{it}) / d_{it} c_{it} p_{it} \right] \left[\frac{1}{T} \sum_{t=1}^{T} d_{jt} c_{jt} (v_{jt} - p_{jt}) / d_{jt} c_{jt} p_{jt} \right]$$

$$i = 1, 2, \cdots, n, t = 1, 2, \cdots, T.$$

其中 $w_i \geqslant 0$ 确保每个关键字的资产权重为正数, $\sum_{i=1}^{n} w_i = 1$ 确保关键字的资产权重之和等于 1。本书可以使用二次规划方法对上述模型求解。

在这种情况下, 模型 (4.5) 可以达到帕累托最优, 因为它的公式化属于凸向量优化的范畴, 这可以保证任何局部最优都是全局最优。本书可以通过实现广告主的两个目标, 即使关键字投资组合风险最小化 $\sigma_p = \vec{w}^T V \vec{w} = \sum_{i=1}^{n} w_i^2 \sigma_i^2 + \sum_{i=1}^{n} \sum_{j=1,j\neq i}^{n} w_i w_j \sigma_{ij}$ 和最大化关键字预期收益 $r_p = \vec{w}^T \vec{r} = \sum_{i=1}^{n} w_i \sum_{t=1}^{T} \frac{1}{T} d_{it} c_{it} (v_{it} - p_{it}) / d_{it} c_{it} p_{it}$ 来确定模型 (4.5) 中关键字组合优化问题的具体目标函数, 使其等同于最小化投资组合风险和负的关键字投资组合的预期收益, 这使得模型 (4.5) 的目标函数变形为:

$$\min w.r.t. \vec{w}(f_1(\vec{w}), f_2(\vec{w})) \tag{4.6}$$

$$= (-\vec{w}^T \vec{r}, \vec{w}^T V \vec{w})$$

$$= \left(-\sum_{i=1}^{n} w_i \sum_{t=1}^{T} \frac{1}{T} d_{it} c_{it} (v_{it} - p_{it}) / d_{it} c_{it} p_{it}, \sum_{i=1}^{n} w_i^2 \sigma_i^2 + \sum_{i=1}^{n} \sum_{j=1,j\neq i}^{n} w_i w_j \sigma_{ij} \right)$$

这种多目标优化可以使用标量化的方式来解决, 它是一种通过解决普通标量优化来为任何矢量优化问题找到帕累托最优点的标准技术。本书分别为目标函数 $f_1(\vec{w})$ 和 $f_2(\vec{w})$ 分配两个加权系数 $\lambda_1, \lambda_2 > 0$。通

过改变 λ_1 和 λ_2，可以获得矢量优化问题的不同的帕累托最优解。不失一般性，取 $\lambda_1 = 1$ 和 $\lambda_2 = \theta > 0$：

$$\min\left\{-\sum_{i=1}^{n} w_i \sum_{t=1}^{T} \frac{1}{T} d_{it}c_{it}(v_{it}-p_{it})/d_{it}c_{it}p_{it} + \theta\left(\sum_{i=1}^{n} w_i^2\sigma_i^2 + \sum_{i=1}^{n}\sum_{j=1,j\neq i}^{n} w_iw_j\sigma_{ij}\right)\right\}$$

$$\text{s.t.} \sum_{i=1}^{n} w_i = 1, w_i \geqslant 0 \tag{4.7}$$

$$\sigma_i^2 = \frac{1}{T-1}\sum_{t=1}^{T}\left[d_{it}c_{it}(v_{it}-p_{it})/d_{it}c_{it}p_{it} - \frac{1}{T}\sum_{t=1}^{T} d_{it}c_{it}(v_{it}-p_{it})/d_{it}c_{it}p_{it}\right]^2$$

$$\sigma_{ij} = \frac{1}{T}\sum_{t=1}^{T}(d_{it}c_{it}(v_{it}-p_{it})/d_{it}c_{it}p_{it})(d_{jt}c_{jt}(v_{jt}-p_{jt})/d_{jt}c_{jt}p_{jt})$$

$$-\left[\frac{1}{T}\sum_{t=1}^{T} d_{it}c_{it}(v_{it}-p_{it})/d_{it}c_{it}p_{it}\right]\left[\frac{1}{T}\sum_{t=1}^{T} d_{jt}c_{jt}(v_{jt}-p_{jt})/d_{jt}c_{jt}p_{jt}\right]$$

$$i = 1,2,\cdots,n, t = 1,2,\cdots,T.$$

模型(4.7)中的目标函数是凸函数，因为 V 是正半定的。当且仅当对于所有 $x \in dom f$ 的二阶导数为正半定数时，二次可微函数 f 是凸的（Boyd and Vandenberghe, 2004）。权重系数 θ 表示广告主对风险超过期望收益的权重。可以将 θ 作为衡量广告主的风险承受能力的风险规避指标。较小的 θ 表示广告主更愿意冒险，而较大的 θ 值表示广告主更偏向规避风险。广告主可以通过改变 θ 来获得所有帕累托最优投资组合，除了两种极端情况，即 $\theta \to 0$ 和 $\theta \to \infty$。当 $\theta \to 0$ 时，方差项 $\theta\vec{w}^T V \vec{w} \to 0$，而目标函数则由预期收益项 $-\vec{w}^T \vec{r}$ 支配。在此模型中，广告主仅希望获得最大的回报而忽略风险。在这种极端情况下，最佳策略是将关键字投资组合的权重完全集中在提供最高预期收益的资产上。当 $\theta \to \infty$ 时，$\theta\vec{w}^T V \vec{w} \to \infty$。目标函数由方差项 $\theta\vec{w}^T V \vec{w}$ 支配。广告主仅希望将风险最小化而不考虑预期收益。在这种情况下，广告主极力规避风险。这种类型的广告主的最佳策略是将所有资源投资于方差最小的关键字。通过改变 θ，可以生成各种优化模型，这些模型可以为广告主提供任何风险承受能力下的最佳关键字投资组合策略。

多目标优化可以使用拉格朗日乘子来求解：

$$L(\vec{w}) = -\vec{w}\,\vec{r} + \theta\,\vec{w}^T V\,\vec{w} + \lambda(\vec{1}^T\vec{w} - 1) \tag{4.8}$$

设 $\delta\dfrac{\delta L}{\delta\vec{w}} = 0$，则得出

$$\vec{w} = \frac{1}{2\theta}V^{-1}(\vec{r} - \lambda\vec{1}) \tag{4.9}$$

要求解拉格朗日乘数，请将方程式(4.9)替换为约束 $\vec{1}^T\vec{w} = 1$：

$$\lambda = \frac{\vec{1}^T V^{-1}\vec{p}}{\vec{1}^T V^{-1}\vec{1}} - \frac{2\theta}{\vec{1}^T V^{-1}\vec{1}} \tag{4.10}$$

令 $a_1 = \vec{1}^T V^{-1}\vec{1}$ 和 $a_2 = \vec{1}^T V^{-1}\vec{p}$，都是标量，方程(4.10)可以写成：

$$\lambda = \frac{a_2}{a_1} - \frac{2\theta}{a_1}$$

关键字投资组合权重向量 $\vec{w}$ 的优化解为

$$\vec{w}^* = \frac{1}{2\theta}V^{-1}\vec{r} - \frac{V^{-1}}{2\theta}\left(\frac{a_2}{a_1} - \frac{2\theta}{a_1}\right)\vec{1} \tag{4.11}$$

$$V = \begin{bmatrix} \sigma_{11} & \cdots & \sigma_{1n} \\ \vdots & \ddots & \vdots \\ \sigma_{n1} & \cdots & \sigma_{nn} \end{bmatrix},\ \text{其中}$$

$$\sigma_{ij} = \begin{cases} \dfrac{1}{T-1}\sum_{t=1}^{T}\left[d_{it}c_{it}(v_{it}-p_{it})/d_{it}c_{it}p_{it} - \dfrac{1}{T}\sum_{t=1}^{T}d_{it}c_{it}(v_{it}-p_{it})/d_{it}c_{it}p_{it}\right]^2,\ i=j \\[4mm] \dfrac{1}{T}\sum_{t=1}^{T}(d_{it}c_{it}(v_{it}-p_{it})/d_{it}c_{it}p_{it})(d_{jt}c_{jt}(v_{jt}-p_{jt})/d_{jt}c_{jt}p_{jt}) \\[4mm] -\left[\dfrac{1}{T}\sum_{t=1}^{T}d_{it}c_{it}(v_{it}-p_{it})/d_{it}c_{it}p_{it}\right]\left[\dfrac{1}{T}\sum_{t=1}^{T}d_{jt}c_{jt}(v_{jt}-p_{jt})/d_{jt}c_{jt}p_{jt}\right],\ i\neq j \end{cases}$$

$$\vec{r} = [r_1, r_2, \cdots, r_n]^T,\ r_i = \frac{1}{T}\sum_{t=1}^{T}d_{it}c_{it}(v_{it}-p_{it})/d_{it}c_{it}p_{it}$$

$$a_1 = \vec{1}^T V^{-1}\vec{1},\ a_2 = \vec{1}^T V^{-1}\vec{p},\ \vec{1} = [1,1,\cdots,1]^T$$

　　最佳的关键字投资组合可以通过上述分析方案得出。注意，由于涉及密集矩阵(V)的求逆，因此计算上成本较高。在实践中，本书可以使用

数值计算技术来有效地获得数值解。

4.3.4　关键字投资组合的有效边界

可以在风险收益空间中绘制每个可能的关键字组合（y 轴表示收益 r_p，x 轴表示风险 σ_p），所有此类关键字投资组合的集合定义了该空间中的一个区域。沿该区域上边缘的双曲线被称为有效边界（又称马科维茨边界）。沿着这条线的组合代表了在给定收益水平下风险最低的投资组合。相反，对于给定的风险，位于有效边界上的关键字投资组合表示能够提供最优回报的组合。有效的前沿是不能同时提高风险和回报的一组关键字组合。一方面，仅靠持有风险资产（即关键字）是无法达到有效边界之上的区域的。具体而言，无法构建与该区域中的点相对应的投资组合。另一方面，边界以下的点为差于边界上的次优投资组合方案。因此，理性投资者只会在前沿上选择关键字投资组合。

4.3.5　关键字 BETA 和关键字奖励比率

关键字的选择是赞助搜索广告工作的核心。要成功选择效果良好的关键字，我们必须同时关注单个关键字个体和整个赞助搜索广告市场。本书使用关键字 beta 和奖励比率来捕获单个关键字对整个投资组合风险的贡献程度，并分别评估投资组合中关键字的风险收益权衡。

（1）关键字 beta。为了确定最理想的关键字，我们需要一种可靠的方法来衡量单个关键字与参考关键字或整个投资组合的收益的一致性。在金融应用中，相对于适当的资产类别（通常是市场投资组合）计算 beta（一种投资波动性的度量）。市场投资组合由所有的资产组成，每种资产的权重与总市场价值成正比。在赞助搜索广告中，本书将市场投资组合定义为广告主在赞助搜索广告计划中设置的目标集合中的关键字整体。

在金融背景下，市场被认为是有效的，这意味着信息被充分且迅速地反映在市场价格中（Malkiel and Fama，1970）。我们可以在赞助搜索广告市场中做出相同的假设,即赞助搜索广告市场是有效的。因此,本书可以使用关键字 beta 来捕获单个关键字对整个投资组合风险的贡献程度:

$$\beta_i = \frac{\sigma_{ip}}{\sigma_p} , \qquad (4.12)$$

其中,$\sigma_{ip} = cov(r_i, r_p)$ 是单个关键字现金流与整个关键字投资组合的现金流之间的协方差,而 σ_p 是整个关键字投资组合的现金流的方差。

(2)关键字风险报酬比。Sharpe(1994)的开创性工作在衡量关键字的风险回报率(假设变异性的回报)时,为关键字风险报酬比奠定了基础。报酬按高于无风险利率的收益来衡量。但是,赞助搜索广告中没有可用的无风险资产(即无风险关键字)。因此,关键字风险报酬比可以简化为

$$RR_i = \frac{r_i}{\sqrt{\sigma_{ii}}} , \qquad (4.13)$$

其中 RR_i 表示关键字风险报酬比,r_i 表示关键字 i 的收益,$\sqrt{\sigma_{ii}}$ 表示收益的标准偏差。关键字风险报酬比提供了一种评估具有不同回报率和可变性的关键字的相对吸引力方法。

4.3.6　根据风险对关键字进行细分或分类

在金融市场中,资产分为具有特定风险-收益和可变性特征的类别(例如蓝筹股、债券、国库券)。本书可以根据关键字现金流的每月可变性,使用聚类分析将关键字分组,然后观察所得细分是否具有在赞助搜索广告市场中有意义且可操作的其他特征(例如,与产品相关或与功能相关的其他特征)。换句话说,在确定建立有效的关键字投资组合的可行性时,需要考虑的两个关键问题包括:①跨市场细分的可变性和收益是否存在重大差异? ②我们能否确定与特定关键字特征相关的变异性差异? 如果两个问题的答案都是肯定的,那么我们可以根据集群的风险收益曲线来构建有效的投资组合,而不是根据单个关键字(单个关键字现金流可能难以预测)进行构建。因此,本书先测试不同部门之间现金流量变异性是否存在显著差异,此差异可以通过细分的方式来表征。随后,本书尝试在

细分(即广告组)级别构建有效的投资组合,并与单个(即关键字)级别进行比较以评估其效果。

4.4　关键字投资组合实验

本书使用真实的赞助搜索广告历史日志数据集评估关键字投资组合策略,该数据集包含 2012 年 5 月至 2017 年 6 月由电子商务公司提供的广告活动的 68 个关键字的记录,该公司在芬兰售卖礼品卡和圣诞节礼物等商品。如图 4.1 所示,目标关键字的平均每月获利频率遵循幂律分布,就像金融中的股票价格一样(Gabaix,2003)。少数关键字经常发生转化并产生更多的利润,同时大量关键字较少发生转化,还有个别影响很小的关键字。

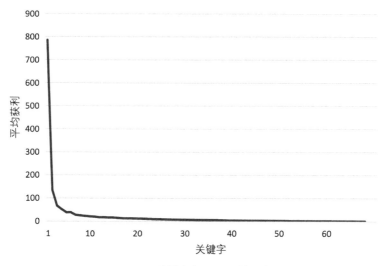

图 4.1　关键字每月利润的分布

4.4.1　评估关键字组之间的风险差异

本书的评估基于对先验定义的不同市场细分随着时间变化的收益的评估。具体来说,本书使用过去赞助搜索广告活动的历史日志和报告中六年的数据来调查广告主最初由广告组定义的细分市场的变化系数和受欢迎程度（即点击次数）之间是否存在显著差异。

表 4.1 列出了不同广告组中的关键字个数、关键字 beta、关键字风险报酬比、变异系数（即方差）和平均月利润。由于每个广告组中的关键字数量很少，因此，对于所有广告组中的平均变异系数差异进行检验的统计能力不足。但是，通过比较广告组 5 和广告组 8，我们发现与广告组 5 相比，广告组 8 更具吸引力，因为广告组 8 的 beta 值是负数，表示其与整个关键字投资组合的负相关性，且相应关键字风险报酬比更高，变异系数更小（即拥有较低的风险水平）。

表 4.1　基于原始广告组分类的评价指标表现

广告组	关键字数	beta	风险报酬比	变异系数	平均月利润
1	2	0.90	0.14	6.94	8.12
2	1	0.43	0.13	7.48	1.43
3	5	2.35	0.47	2.14	113.87
4	7	0.36	0.36	2.77	26.05
5	1	2.34	0.16	6.33	12.29
6	1	0.02	0.13	7.48	2.66
7	3	2.42	0.37	2.74	368.30
8	5	-0.06	0.52	1.93	563.51
9	1	-0.03	0.16	6.21	6.41
10	6	1.15	0.31	3.18	47.70
11	24	2.58	0.49	2.05	292.86
12	4	1.43	0.21	4.72	41.61
13	6	0.39	0.27	3.72	25.69
14	2	0.06	0.13	7.48	8.89
15	3	0.65	0.19	5.26	7.83

在金融领域,大公司主导着一个金融投资组合,其业务周期的变化对供应商有重大影响。尽管中小型企业通常对单个金融机构的影响较小,但只要它们的收入流没有正相关关系,它们就可以合并以实现多元化的同时降低总体风险。在赞助搜索广告市场中,本书使用基于点击次数的中位数切分来比较不同受欢迎程度的关键字之间随时间变化的回报系数。非热门关键字的变异系数为 1.07,与热门关键字 2.81 的值在统计上显著不同($p = 0.000$)。

表 4.2　基于聚类结果分组的评价指标表现

聚类	beta	风险报酬比	变异系数	平均月利润
cluster1	3.17	0.42	2.40	166.02
cluster2	0.00	0.13	7.48	11.63
cluster3	0.03	0.13	7.48	1.75
cluster4	0.00	0.13	7.48	2.36
cluster5	1.68	0.15	6.54	20.19
cluster6	1.20	0.58	1.72	1223.81
cluster7	−0.02	0.13	7.48	2.74
cluster8	2.67	0.30	3.31	72.14
cluster9	0.27	0.30	3.30	27.23

根据上述分析,本书得出结论,不同受欢迎程度的关键字的收益变异性在统计上存在显著差异。不同产品类型(即广告主的原始广告组)的关键字的回报趋势也存在有意义的差异。因此,本书认为,通过上述分析我们可以确定具有不同风险级别(例如 beta、风险报酬比)的细分市场,并为赞助搜索广告中的广告主建立有效的关键字投资组合。

4.4.2　交易细分

在金融市场中,基于购买模式的相似性或差异性进行的市场细分被称为交易细分(Pearson and Gessner,1999)。每个关键字都有其独特且共同的特征,因此本书利用 k-means 聚类分析关键字的每月现金流量水平,来观察其共同特征。[①] 如图 4.2 所示,使用戴维森-堡丁(Davies-Bouldin)准则,结果显示将关键字分为九组的聚类方案表现最优。表 4.2 列出了这九个集群的性能指标,图 4.3 说明了集群的模式。

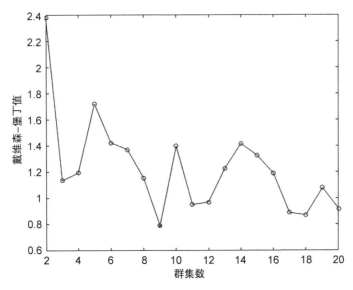

图 4.2　关键字聚类类别个数评价结果

通过聚类之间的比较,从表 4.2 中我们可以发现,即使关键字的细分完全基于关键字的风险回报率属性,相应的聚类结果也在变异系数、关键字奖励率和 beta 等参数上表现出统计性显著差异。

4.4.3　聚类集群和关键字级别的有效组合

我们可以在广告组和关键字级别构建有效的投资组合,以识别出针对广告组和关键字的一组最佳权重。为了绘制投资组合的有效边界,本书使用了 MATLAB 中的投资组合功能,以最小化各种收益水平下的方

---

① 除了 k-means 聚类方法外,还可以使用第三章中的关键字分组策略对关键字进行分组,用优化结果得到的最优广告组进行交易细分的相关分析,得到的结果趋势相同。

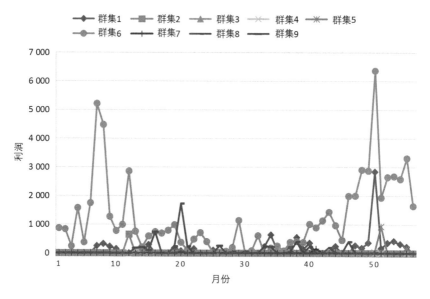

图 4.3　关键字聚类结果利润波动表现

差-协方差矩阵,并将实验结果与两个基准方法进行比较。具体来说,第一种基准方法称为 BASE1-Current 是广告主实际使用的投资组合,而第二种基准方法 BASE2-Equal 则是一种平均化的广告组和关键字广告投资策略。图 4.4 和图 4.5 给出了广告组和关键字级别上各种投资组合的有效前沿,表 4.3 和表 4.4 展示了广告组和关键字级别上的有效投资组合的表现情况,以及两个基准方法的实验结果,包括每个聚类集群(cluster)在不同有效投资组合投资下的权重、收益、风险、回报风险指数(即每单位广告主风险下的收益)和风险变化。

表 4.3 聚类的有效投资组合

投资组合	组 1	组 2	组 3	组 4	组 5	组 6	组 7	组 8	组 9	收益	风险	回报风险	风险变化
E1	0.00	0.08	0.06	0.78	0.00	0.00	0.06	0.00	0.00	3.12	8.84	0.35	—
E2	0.02	0.13	0.11	0.45	0.02	0.05	0.14	0.02	0.05	18.02	19.24	0.94	10.40
E3	0.04	0.18	0.15	0.11	0.03	0.10	0.23	0.04	0.11	32.91	34.51	0.95	15.28
E4	0.07	0.14	0.13	0.00	0.05	0.15	0.25	0.06	0.16	47.81	50.66	0.94	16.15
E5	0.09	0.05	0.07	0.00	0.06	0.21	0.24	0.08	0.21	62.70	67.75	0.93	17.09
E6	0.11	0.00	0.00	0.00	0.08	0.27	0.18	0.10	0.26	77.60	85.29	0.91	17.53
E7	0.14	0.00	0.00	0.00	0.09	0.32	0.02	0.13	0.30	92.50	103.37	0.89	18.08
E8	0.18	0.00	0.00	0.00	0.05	0.42	0.00	0.14	0.20	107.39	125.52	0.86	22.15
E9	0.23	0.00	0.00	0.00	0.00	0.53	0.00	0.15	0.08	122.29	155.00	0.79	29.48
E10	0.00	0.00	0.00	0.00	0.00	1.00	0.00	0.00	0.00	137.18	236.47	0.58	81.47
MaxSR	0.04	0.17	0.14	0.17	0.03	0.09	0.21	0.04	0.10	30.35	31.82	0.95	—
BASE1-Current	—	—	—	—	—	—	—	—	—	21.73	1147.76	0.02	—
BASE2-Equal	—	—	—	—	—	—	—	—	—	52.38	64.56	0.81	—

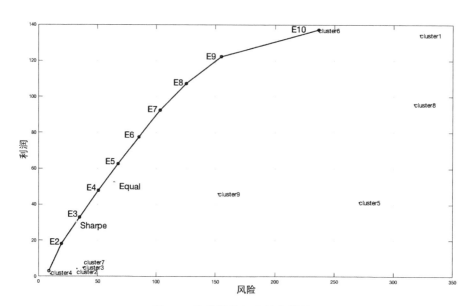

图 4.4 聚类投资组合的有效前沿

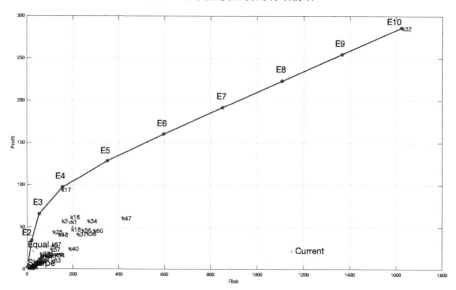

图 4.5 关键字投资组合的有效前沿

表 4.4 关键字的有效投资组合

投资组合	收益	风险	回报风险指数	风险变化
BASE1-Current	21.73	1147.76	0.02	—
BASE2-Equal	21.19	29.49	0.72	—
E1	2.33	1.71	1.36	—
E2	33.86	21.13	1.60	19.42
E3	65.39	54.31	1.20	33.17
E4	96.93	154.69	0.63	100.38
E5	128.46	351.08	0.37	196.39
E6	159.99	596.90	0.27	245.82
E7	191.53	850.88	0.23	253.99
E8	223.06	1107.43	0.20	256.55
E9	254.59	1365.10	0.19	257.67
E10	286.13	1623.35	0.18	258.25
MaxSR	7.99	3.49	2.29	—

　　正如预期所示,有效边界为可行的广告组(即关键字聚类)和关键字投资组合确定了边界。本书发现 BASE1-Current 和 BASE2-Equal 的投资组合都位于有效投资组合的边界之下。这表明与本书的方法相比,这两个基准不是最佳的。沿着广告组和关键字级别中的有效前沿,从 E1到 E9 的有效投资组合中,边际风险随着收益的增加而增加。其中,E10是具有最高利润和最高风险的极端情况,该投资组合由广告组级别的聚类 6 和关键字级别的关键字 k_32 主导。因此,本书可以发现并非只有利润最高的投资组合才是最好的,因为高利润伴随的高风险可能会超出广告主的承受能力。与广告组级别的投资组合相比,高效的关键字投资组合可以获得更多的利润,但同时也伴随着更高的风险。从整个关键字组合的管理角度,而不是仅仅是单个关键字的效果来考虑赞助搜索广告中的优化决策,这为广告主的关键字出价设置提供了重要的参考。

通过实验中,基于关键字的风险收益特征对其进行的分组,本书发现细分市场对于赞助搜索广告市场中的关键字分组十分重要且具有可操作性。在聚类过程中强调相似的关键字特征,使得潜在的新关键字的识别和有效投资组合的评估变得更加容易。实际上,广告主可以在广告组层级应用相应的聚类组合的结果。对于管理人员而言,使用关键字聚类的广告组而不是单个关键字来构建有效边界,在计算上更加高效且可操作更强。在广告组中,广告主可以通过两个常用准则(即关键字 beta 和关键字风险报酬比),来重新组合关键字,然后对关键字进行权重的分配优化策略,以获得有效投资组合的最佳构成,从而为选择广告组中最理想的关键字提供有用的指导,同时从单个关键字和整个广告计划多个角度对广告主的收益表现进行衡量。

4.5 本章小结

本书研究了金融投资组合理论框架下的关键词投资组合策略,并通过计算实验与两个基准方法进行比较,以验证本书的关键字投资组合策略的有效性。实验结果表明,本书的关键字投资组合策略优于两个基准方法。关键字聚类在风险收益曲线上显示出巨大的差异。

这项研究为赞助搜索广告中的广告主提供了重要的管理见解。从广告决策的角度来看,本书的关键字投资组合方案可以同时促进关键字选择、预算分配和投标价格的联合优化决策。具体而言,一方面,通过建立有效的关键字组合,我们可以获得关键字的权重向量,这为关键字选择和关键字的出价提供了重要参考。另一方面,有效的广告组投资组合可以为广告组之间的预算分配提供有价值的指导。

5 融合广告组层次和关键字层次的综合出价策略研究

5.1 问题背景

赞助搜索广告平台使用每次点击付费竞价的方式来出售其针对任何搜索查询的可用广告位置的广告资源,相应的竞价机制被称为广义第二价格拍卖。在赞助搜索广告的广告竞价拍卖机制中,广告主选择其感兴趣的关键字集合,然后根据一定的原则按照搜索引擎定义的赞助搜索广告结构组织该关键字目标集合,然后在合理的关键字结构中设置广告组水平或者关键字水平的最高竞价提交价格以表明广告主愿意为每次广告获得的点击付费意愿,构建多个二元元组(二元元组中第一个元素是关键字,第二个元素是广告主对该关键字的出价),并为每一组关键字所在广告组创建对应的广告展示文本。当用户在搜索引擎中输入查询词时,赞助搜索广告平台会识别与该查询词紧密相关的对应关键字,结合广告主广告的质量得分等一系列指标,通过对参与该竞价的所有广告主进行竞价,之后将与查询词有关的广告有序的显示在最终的搜索结果页面的广告列表中。搜索引擎使用广告主的出价以及广告相关性的度量等指标对提交的广告进行排名。每当消费者点击给定位置的广告时,搜索引擎就会向该广告位广告对应的广告主收取每次点击费用,该费用为保持该位置所需的最低出价,即下一个广告位的竞价加上一个比较小的值。赞助搜索广告平台的广告竞价是连续的密封性竞标拍卖,也就是说广告主可以随时更改其出价,但无法明确的知道其他竞争对手的出价。赞助搜索广告平台仅向广告主提供推广活动的摘要报告,其中包括给定日期每个关键字的展示次数、点击次数、点击率、转化次数、平均排名和平均每次点击费用等相关详细信息。

在赞助搜索广告中,搜索引擎相应搜索用户的查询显示多个广告,故相关广告竞价拍卖不能被视为单位拍卖,因为不同的广告位置产生的广告表现效果是不同的,一般而言排在最高位的广告能产生更多的点击,而每点击成本会随着广告排名越低或者说在广告列表中越靠后而减小(即排名较低的广告的每点击成本低于排名较高的广告的每点击成本)。因此,广告主必须考虑在较高位置获得更多点击但由于更高的每点击成本而因此导致更低的每点击利润之间的权衡。由于对这种平衡的考量,有时广告主可能需要对更低排名位置进行竞价,对关键字给与较小的出价,通过牺牲一些点击次数来获得更高的每次点击利润。已经有研究证明普遍通用的二价搜索拍卖并不是激励兼容的(Cao and Ke,2019),因此竞标广告主的真实估价往往是次优的。此外,在赞助搜索广告中广告主的广告推广活动还具有预算约束。因此,广告主在进行竞价设置时,不能只考虑单个的关键字,需要考虑整个需要竞价的目标关键字集合。如果广告主给其中一部分关键字设置了非常高的出价,则可能只有非常有限的预算留给剩下的关键字,因此关键字间的出价有着千丝万缕的联系。

在赞助搜索广告中,广告主通过选择关键字并为这些关键字设置出价来竞争搜索引擎结果页上的广告位。根据主要的搜索引擎(例如谷歌)的广告设置,广告主可以在广告组和关键字级别上设置出价。根据赞助搜索广告平台对赞助搜索广告结构的定义,广告主的赞助搜索广告推广账户中包含多个广告计划,每个广告计划中包含一个或多个广告组,每个广告组中有一组对应的共向目标关键字和对应展示的广告文本。在广告组层次设置的出价,作用于整个广告组中所有的关键字;而对关键字层次设置的出价,会替代该关键字所属广告组层次的出价,成为更精细更优先的关键字出价设置。一方面,在关键字级别出价可以增强对广告支出的控制。根据谷歌广告的说法,无论关键字级别的出价是高于还是低于关联广告组的价格,它总是在拍卖时优先出现。但是,如果广告主为每个特定关键字都指定出价价格,对出价操作管理过于精细,则会浪费大量人力管理时间和计算成本。此外,在某些时候,广告主可能会失去对其总体广告计划效果的控制(Li and Yang,2019)。因此,对于广告主来说,在赞助搜索广告中跨广告组和关键字级别设计适当的出价策略至关重要。

有关出价策略的已有研究中,已经在出价价格估算(例如 Amaldoss et al.,2016)和出价调整(例如 Zhang and Feng,2011)方面进行了大量的工作。从运营的角度来看,预算分配决策是广告主在管理赞助搜索广告活动时面临的首要问题(Yang et al.,2012;Yang et al.,2015)。第二个决策维度与关键字有关,关键字是联系广告主、搜索用户和搜索引擎的必不可少的桥梁(Yang et al.,2019)。广告主必须在赞助搜索广告计划的整个生命周期中处理一系列与关键字相关的决策。尤其是,广告主必须按照赞助搜索广告结构来组织关键字(Yang and Li,2019;Li and Yang,2020)。

当前的工作是在赞助搜索广告中的第三个重要决策下进行的,即对感兴趣的关键字出价(Zhang and Feng,2011;Amaldoss et al.,2015;Du et al.,2017)。关键字拍卖的一项显著特征是动态的:可以实时调整出价,调整广告排名并实现收益。认识到这些拍卖的动态性质,就会发现在静态博弈中不容易建模和解释的均衡出价调整。Zhang and Feng (2011)提出了一个动态模型,并确定了一种均衡竞标策略。他们的研究还提出了一种周期性出价策略的存在。Amaldoss et al.(2015)构建了一个博弈论模型来研究关键字管理(例如出价关键字集合和关键字出价价格)以及广泛匹配的策略性作用,从而自动对关键字进行出价。他们的研究证明,搜索引擎偏向将广泛匹配出价的准确性提高到广告主选择广泛匹配的程度,但是进一步提高准确性又会降低搜索引擎的利润的程度。Du et al.(2017)对有多个关键字要竞标的广告主进行了经验探索。他们的结果表明,区分各种关键字类别和匹配类型的各种出价策略非常重要。

在赞助搜索广告市场中,许多广告因素无法事先预知。Feldman et al.(2007)开发了一种实用的统一出价策略,该策略只是在两个统一出价策略之间随机分配,该策略对广告系列中的所有关键字进行统一出价,直到实际每日预算用尽为止。在后来的工作中,Muthukrishnan et al.(2010)探索了基于自然概率模型对未来查询进行分布的优化问题的随机版本。Cholette et al.(2012)提出了一种随机模型来优化出价,将广告排名视为随机函数。他们讨论了概率约束以及如何在有效边界上找到权衡解决方案。Abhishek and Hosanagar(2013)提出了一种分析模型,用于计算广告主投资组合中关键字的最佳竞标价格。

然而,正如 Yang et al.(2017)所述,根据策略性环境评估,赞助搜索广告不同于传统的扁平化广告,是一种结构性广告形式,目标关键字以广告组的形式聚合并共享相同的广告文本。然而,到目前为止,据我们所知,与主要搜索引擎定义的广告结构相关的出价决策研究很少,上述出价优化研究都没有考虑由主要搜索引擎定义的广告结构,即在不用赞助搜索广告结构层中进行出价策略的优化。这项研究的目的是比较广告组和关键字级别的出价策略,并找出涵盖这两个级别的可行综合出价策略。据我们所知,这是这个方向上的第一个研究工作。

赞助搜索广告环境和相关因素具有高度不确定(Yang et al., 2013)。广告主必须先做出一系列优化决策,然后才能获取各种广告性能指标的信息。在这项研究中,本书建立了一个随机出价模型,本书提出的模型应用于广告组和关键字级别,在考虑预算限制的情况下最大限度地提高赞助搜索广告的预期利润。此外,考虑到广告主的计算成本(运营时间)的限制,本书在关键字层级和广告组层级两个级别上开发了综合的出价策略。本书使用从赞助搜索广告现场报告和活动日志中收集的面板数据集,进行计算实验以评估本书模型的性能。

实验结果表明,与广告组级别的出价相比,关键字级别的出价可以带来更高的利润但同时伴随着更高的风险。此外,对于效果指标较好的广告组和关键字,出价较高,并且出价随着预算的增加而增加。最重要的是,在不同的计算成本约束下,最优竞价的综合策略可以获得最高的利润。因此,本书的策略可以灵活地帮助广告主进行出价决策优化。特别是,随着计算成本的增加,边际利润最初急剧增加,然后在某个点之后逐渐减少。

5.2 模型建立与描述

这项研究考虑的决策场景是:在不确定的赞助搜索广告市场环境下,考虑一个带有多个广告组的广告计划,每个广告组包含一组目标关键字和共享的广告文案;广告主需要决定如何在有限的预算约束下,为广告组层级或关键字层级上的关键字设置出价,以最大化总的广告利润。

本书假设其他广告主以相对固定的预算和出价来竞标价格相对稳定的关键字。尽管竞价过程是动态的,但本书可以达到 Borgs et al.(2007)描述的相对稳定的平衡点。在现有研究中该问题的预设很常见,Muthukrishnan et al.(2010)和 Cholette et al.(2012)都采用了类似的问题设置,即针对广告主的单个广告位,而不是针对多广告位中的多出价者进行拍卖,这样的设置忽略了其他广告主更改出价或用尽预算的可能性,假定了一个相对平稳的竞价环境。

5.2.1 广告组层级的出价模型

在赞助搜索广告中广告主目标关键字集合中,决策变量 b_j,$j=1,\cdots,$ g 表示对第 j 个广告组的出价。令 θ_{ij},$i=1,\cdots,n$ 表示第 i 个关键字是否

包含在第 j 个广告组中(即 $\theta_{ij}=1$ 表示第 i 个关键字包含在第 j 个广告组中;否则,$\theta_{ij}=0$,表示第 i 个关键字并没有被分配到第 j 个广告组中)。

那么第 j 个广告组中的关键字数量为 $N_j = \sum_{i=1}^{n} \theta_{ij}$。赞助搜索广告中广告主目标关键字集合中的第 i 个关键字的出价 b_i,$i=1,\cdots,n$ 表示为 $b_i = \sum_{j=1}^{m} \theta_{ij} b_j$。令 d_i 表示第 i 个关键字的搜索需求总数,令 v_i 表示第 i 个关键字的每次点击价值,则搜索市场中广告主特定广告计划的广告组 j 的搜索需求总数为 $d_j = \sum_{i=1}^{n} d_i \theta_{ij}$,第 j 个广告组的每次点击价值为 $v_j = \sum_{i=1}^{n} v_i \theta_{ij} / N_j$。

给定赞助搜索广告中广告主目标关键字集合中的第 i 个关键字固定的竞标价格 b_i,可以按照 Cholette et al.(2012)的观点将第 i 个关键字对应的广告排名 $P_i \equiv P_i(b_i)$ 视为随机变量。将首页视为单位间隔,P_i 可以用 beta 密度表示为

$$f_{P_i}(p_i, b_i) = \left\{ \frac{\Gamma(a_i + b_i)}{\Gamma(a_i)\Gamma(b_i)} \right\} p_i^{a_i-1}(1-p_i)^{b_i-1}, \quad (5.1)$$

$$where\, 0 < p_i < 1, a_i > 0, and\, b_i > 0,$$

其中 $\Gamma(z) = \int_0^{\infty} e^{-t} t^{z-1} dt$ 是伽玛函数,a_i 是 beta 的参数,代表在赞助搜索广告相对较稳定的竞争格局中广告主目标关键字集合中的第 i 个关键字的竞争力水平。然后根据 beta 的属性,在给定广告位置的情况下,$m \geqslant 1$ 的期望值 $E[(1-P_i)^m]$ 与赞助搜索广告中广告主目标关键字集合中的第 i 个关键字的点击率相关,故可以通过给定的伽马函数得到:

$$G(b_i) = E[(1-P_i)^m] = \int_0^1 (1-p_i)^m f_{P_i}(p_i; b_i)\,d p_i = \frac{\Gamma(a_i + b_i)\Gamma(b_i + m)}{\Gamma(b_i)\Gamma(a_i + b_i + m)}.$$

$$(5.2)$$

在赞助搜索广告中,考虑 $m=1$ 的特殊情况是可行的。因此,预期收入可以表示为 $R(b) = \sum_{j=1}^{g} d_j v_j G(b_i)$,并且预期广告支出是一个随机变

量,定义为 $C(b)=\sum_{j=1}^{g} d_j b_j G(b_i)$ 。在赞助搜索广告推广活动中,广告主

旨在在预算约束条件下最大化预期利润 $P(b)=R(b)-C(b)=\sum_{j=1}^{g} d_j$

$(v_j\text{-}b_j)G(b_i)$,即预期的广告支出不应超过预算。在本书的研究中,风险

定义为利润的可变性(即标准差)。总而言之,广告组层级的出价优化模

型如下:

$$
\begin{aligned}
\max_{b_j} \quad & E\Big[\sum_{j=1}^{g} d_j\,(v_j-b_j)G(b_j)\Big] \\
\text{s.t.} \quad & E\Big[\sum_{j=1}^{g} d_j b_j\,G(b_j)\Big] \leqslant B \\
& G(b_j)=E\big[(1-P_j)^m\big] \\
& \qquad = \int_0^1 (1-p_j)^m f_{P_j}(p_j;b_j)\,\mathrm{d}p_j \\
& \qquad = \frac{\Gamma(a_j+b_j)\,\Gamma(b_j+m)}{\Gamma(b_j)\,\Gamma(a_j+b_j+m)} \\
& N_j=\sum_{i=1}^{n}\theta_{ij}\,,\ b_i=\sum_{j=1}^{m}\theta_{ij}b_j\,, \\
& d_j=\sum_{i=1}^{n}d_i\theta_{ij}\,,\ v_j=\frac{\sum_{i=1}^{n}v_i\theta_{ij}}{N_j}\,,a_j=\frac{\sum_{i=1}^{n}a_i\theta_{ij}}{N_j} \\
& d_i\geqslant 0,v_i\geqslant 0,b_i\geqslant 0,a_i\geqslant 0,i=1,\cdots,n
\end{aligned}
\tag{5.3}
$$

5.2.2 关键字级出价模型

这当在关键字级别出价时,决策变量为 $b_i,i=1,\cdots,n$,它表示赞助

搜索广告中广告主目标关键字集合中对第 i 个关键字的出价。在这种情

况下,预期收入可以表示为 $R(b)=\sum_{i=1}^{n} d_i v_i G(b_i)$,预期广告支出定义为

随机变量 $C(b)=\sum_{i=1}^{n} d_i b_i G(b_i)$ 。类似地,广告主希望在预算约束下,最

大化预期利润 $P(b)=R(b)-C(b)=\sum_{i=1}^{n} d_i\,(v_i-b_i)G(b_i)$ 。综上所

述,关键字级别的出价优化模型为:

$$\max_{b_i} \quad E\left[\sum_{i=1}^{n} d_i (v_i - b_i)G(b_i)\right]$$

$$\text{s.t.} \quad E\left[\sum_{i=1}^{n} d_i b_i G(b_i)\right] \leqslant B \tag{5.4}$$

$$G(b_i) = E\left[(1 - P_i)^m\right]$$

$$= \int_0^1 (1 - p_i)^m f_{P_i}(p_i; b_i) \, \mathrm{d}\, p_i$$

$$= \frac{\Gamma(a_i + b_i)\Gamma(b_i + m)}{\Gamma(b_i)\Gamma(a_i + b_i + m)}$$

$$d_i \geqslant 0, v_i \geqslant 0, b_i \geqslant 0, a_i \geqslant 0, i = 1, \cdots, n$$

本书可以使用 MATLAB 中封装的求解约束非线性多变量函数的最小值的 fmincon 内点算法来解决上述两个出价模型,fmincon 是基于梯度的方法,旨在处理目标函数和约束函数均为连续且具有连续一阶导数的问题。由于 fmincon 是求解最小值,故模型 5.4 的目标函数又可以写作

$$\min_{\underline{b_i}} - E\left[\sum_{i=1}^{n} d_i (v_i - b_i)G(b_i)\right]$$

故对于每个 $\mu > 0$,关键字级别的出价优化模型逼近于如下问题:

$$\min_{b_i, s} - E\left[\sum_{i=1}^{n} d_i (v_i - b_i)G(b_i)\right] - \mu \ln(s)$$

$$\text{s.t.} \quad E\left[\sum_{i=1}^{n} d_i b_i G(b_i)\right] - B + s = 0 \tag{5.5}$$

$$G(b_i) = E\left[(1 - P_i)^m\right]$$

$$= \int_0^1 (1 - p_i)^m f_{P_i}(p_i; b_i) \, \mathrm{d}\, p_i$$

$$= \frac{\Gamma(a_i + b_i)\Gamma(b_i + m)}{\Gamma(b_i)\Gamma(a_i + b_i + m)}$$

$$d_i \geqslant 0, v_i \geqslant 0, b_i \geqslant 0, a_i \geqslant 0, s > 0, i = 1, \cdots, n$$

其中,松弛变量 s 始终为正,以使 $\ln(s)$ 始终有边界,增加的对数项称为障碍函数。为方便表述,我们令 $f(b) = -E\left[\sum_{i=1}^{n} d_i (v_i - b_i)G(b_i)\right]$,同时

$$f_\mu(b,s) = -E\left[\sum_{i=1}^{n} d_i\,(v_i - b_i)G(b_i)\right] - \mu\ln(s)。$$ 随着 μ 降至零，$f_\mu(b,s)$ 的最小值接近 $f(b)$。逼近问题模型 5.5 相较于原不等式约束问题更容易求解。

在求解该逼近问题的过程中，本书算法在每次迭代中使用牛顿步和共轭梯度步两种主要步。其中牛顿步尝试通过线性逼近求解逼近问题的 KKT 方程中的公式，而共轭梯度步使用信赖域。

牛顿步的定义为 $(\Delta b,\Delta s)$，则通过用线性化拉格朗日函数求解 KKT 方程中的公式可得：

$$\begin{bmatrix} H & 0 & J_g^T \\ 0 & s\lambda & -s \\ J_g & -s & I \end{bmatrix}\begin{bmatrix} \Delta x \\ \Delta s \\ -\Delta\lambda \end{bmatrix} = -\begin{bmatrix} \nabla f - J_g^T\lambda \\ s\lambda - \mu \\ g + s \end{bmatrix} \tag{5.6}$$

其中 H 表示 $f_\mu(b,s)$ 的拉格朗日函数的黑塞矩阵，λ 表示与约束 $g(b) = E\left[\sum_{i=1}^{n} d_i\,b_i\,G(b_i)\right] - B$ 相关联的拉格朗日乘数向量。为了针对 $(\Delta b,\Delta s)$ 求解方程 5.6，算法对矩阵进行 LDL 分解，即算法首先尝试采取牛顿步。如果失败，即分解的一个结果是确定投影的黑塞矩阵不是正定，则算法会尝试共轭梯度步。算法同时调整 x 和 s，从而保持松弛变量 s 为正。该方法在满足线性化约束条件的前提下，在信赖域（信赖域半径为 R）中最小化逼近问题的二次逼近，算法求解 KKT 方程 $\nabla_b L = -\nabla_b E\left[\sum_{i=1}^{n} d_i\,(v_i - b_i)G(b_i)\right] + \lambda\,\nabla E\left[\sum_{i=1}^{n} d_i\,b_i\,G(b_i)\right] = 0$，以获得拉格朗日乘数。该过程基于最小二乘法思想，且满足 λ 为正。然后采取步 $(\Delta b,\Delta s)$ 以近似求解

$$\min_{\Delta b,\Delta s} -\nabla E\left[\sum_{i=1}^{n} d_i\,(v_i - b_i)G(b_i)\right]\Delta b + \frac{1}{2}\,\nabla_{bb}^2 L\,\Delta b^2 + \mu\,s^{-1}\Delta s + \frac{1}{2}\,s^{-1}\lambda\,\Delta s^2 \tag{5.7}$$

并满足线性约束 $E\left[\sum_{i=1}^{n} d_i\,b_i\,G(b_i)\right] - B + J_g\Delta b + \Delta s = 0$，算法在半径基

于 R 缩放的区域内最小化线性约束的范数。然后在匹配求解公式(5.7)所得残差的约束下求解该线性约束,同时保持在半径为 R 的信赖域内,并保持 $s > 0$。

在每次迭代中,算法都会降低如下形式中评价函数的值,

$$-E\left[\sum_{i=1}^{n} d_i\,(v_i - b_i)G(b_i)\right] - \mu\ln(s) + \nu\left\|E\left[\sum_{i=1}^{n} d_i\,b_i\,G(b_i)\right] - B + s\right\|$$

为了使解趋向可行,其中 ν 可能会随着迭代次数的增加而增大。如果所尝试的步不能降低评价函数,则算法拒绝所尝试的步,并尝试新的步。上述基于模型(5.4)的关键字层级出价模型的求解方法,同样适用于广告组层级的出价模型(5.3)。

5.2.3 综合出价策略

在赞助搜索广告中,广告主可以在广告组层级和关键字层级两个赞助搜索广告结构层次上设置出价。然而无论是在广告组层级还是在关键字层级,由于市场的不确定性和赞助搜索广告复杂的计算机制,广告主都面临着设置出价的难题。一方面,在广告组层次设置的出价,作用于整个广告组中所有的关键字。相较于关键字层级对每个关键字进行出价的精细设置更为粗糙,但同时也更方便管理,能够节省广告主出价的计算时间,提高广告主出价的速率,减少广告主对赞助搜索广告中关键字竞价决策的管理成本。但是由于广告组层级的出价比较粗糙,会在一定程度上错失为广告主带来更多利润的机会。另一方面,对关键字层次设置的出价,会替代该关键字所属广告组层次的出价,成为更精细更优先的关键字出价设置,即无论关键字级别的出价是高于还是低于关联广告组的价格,它总是在拍卖时优先出现。因此,在关键字级别出价可以增强广告主对广告支出的控制。同时对关键字层级的出价更能精确的找到为广告主带来盈利的机会。但是,如果广告主为每个特定关键字都指定出价价格,对出价操作管理过于精细,则会浪费大量人力管理时间和计算成本。此外,在关键字层级的出价过于关注单个关键字在赞助搜索广告推广活动中的

表现参数,因此在某些时候广告主可能会因此失去对其总体广告计划效果的控制。综上所述,对于广告主来说,在赞助搜索广告中跨广告组和关键字级别设计适当的出价策略至关重要。通过结合上一节中基于广告组层次和关键字层次竞价的两个随机竞标模型,本书开发了一种优化策略,以找到预期利润与计算成本之间的折中方案,见表 5.1 中的算法 5.1 GK-Bidding。具体而言,因为在广告组层次的出价模型和在关键字层次的出价模型两者在计算复杂度方面相似,故在本书的算法中,我们将关键字数量视为计算成本的指标。跨层次关键字出价综合模型,首先在整个广告组层次粗略的为每个广告组中的关键字设置最初出价,然后根据具体的广告主能承受的计算成本水平,对部分能为广告主带来更多盈利机会的关键字进行更精细的基于关键字层次的出价设置,具体如下所示:

表 5.1　算法 GK-Bidding

算法 5.1 GK-Bidding（group and keyword bidding）
Procedure IntegratedBidding
输入:
$\{k_i \mid i = 1, 2, \cdots, n\}$:一组感兴趣的关键字
$\{j \mid j = 1, 2, \cdots, m\}$:一组广告组（$m > n$）
c :一个关键字的计算成本
α :计算约束
d_i :第 i 个关键字的搜索需求总数
v_i :第 i 个关键字的每点击价值
a_i :第 i 个关键字的竞争指数
θ_{ij} :第 j 个广告组中是否包含第 i 个关键字
输出: b_i :第 i 个关键字的出价

程序：

用 Case 表示计算约束

 Case $\alpha < c*m$ ：

  Return∅；

 Case $\alpha = c*m$ ：

  $b_i \leftarrow$ Equation（5.3），and $b_i = \sum\limits_{j=1}^{m} \theta_{ij}\, b_j$ ；

 Case $\alpha \geqslant c*n$，：

  $b_i \leftarrow$ Equation（5.4）；

 Otherwise：

  计算 $b_j \leftarrow$ Equation（5.3），and $b_i = \sum\limits_{j=1}^{m} \theta_{ij}\, b_j$ ；

  计算关键字的预期利润

  $r_i = E(d_i\,(v_i\text{-}b_i)G(b_i))$ ；

  根据递减的 r_i 对关键字进行排序，并获得关键字 i 的顺序 q_i ，and $k'_i = k_{qi}$ ；

  在关键字层级计算关键字的数量 $N_\alpha = [(\alpha\text{-}c*m)/c]$ ；

  For $j = 1 : m$ ，

   计算广告组 j 中关键字参数 d,v,a 的平均值（$q_i > N_\alpha$）；

   计算 $b' = [b'_1, b'_2, \cdots, b'_{N_\alpha}, b'_{N_\alpha+1}, \cdots, b'_{N_\alpha+m}] \leftarrow$ Equation（5.4）；

  End for

  For $q_i = 1 : N_\alpha$ ，

   $b_i = b'_{qi}$ ；

  End for

  For $q_i = N_\alpha : m$ ，

   $b_i = \sum\limits_{j=1}^{m} \theta_{ij}\, b'_{N_\alpha+j}$ ；

  End for

End Case

Return b_i .

End Procedure

GK-Bidding 算法在预算约束和广告主计算成本承受能力范围内搜索跨广告组和关键字层级的最佳关键字综合出价解决方案的完整空间。首先,广告主根据其能承受的计算成本来决定其出价层级,若能承受的计算成本足够大则广告主可根据模型(5.4)直接对关键字层级出价的随机规划模型求解,得到每个关键字的精确出价;若能承受的计算成本非常有限,则广告主根据模型(5.3)直接对广告组层级出价的随机规划模型求解,得到每个广告组的出价,将其适配到各个广告组对应的关键字中;若广告主能承受的计算成本介于上述两种极端情况之间,则首先根据模型(5.4)对广告组层级出价模型求解得到每个广告组的出价,将此粗略出价适配到各个广告组的关键字后,根据关键字过去的历史推广活动表现指标,即每个关键字的平均收益按照降序排序,用剩余的计算成本,对收益较高的关键字进行精确的出价优化。从而在相应的预算约束和广告主计算成本承受能力的约束下,达到一个平衡计算成本和出价精度的跨关键字层级和广告组层级的综合出价最优化结果。

5.3 出价策略实验

5.3.1 数据说明和实验设置

本书使用从赞助搜索广告现场报告和活动日志收集的两组面板数据集来评估我们的出价策略的效果。数据集1来自在亚马逊上推广庆典商品的一家电子商务公司,该数据集包含 2017 年 12 月至 2018 年 2 月期间该电子商务公司赞助搜索广告活动账户中主要广告计划下 2 个广告组中的 104 个关键字相关表现情况的广告推广活动真实历史记录。数据集 2 的数据量更充足,该数据来自大型零售连锁店的赞助搜索广告活动每日信息记录,该零售连锁店既有实体店,也有在线销售渠道。这家零售商出售各种运动类产品,涵盖了男女不同性别、不同年龄层次等不同的价格范围的商品。该数据集包含 2016 年 1 月至 9 月在谷歌赞助搜索广告平台上促销运动类商品的公司电子商务部的赞助搜索广告推广活动日志中主要促销广告计划下 3 个广告组中 417 个关键字的赞助搜索广告表现效果数据。

这两个数据集均包含每日关键字的记录,包括触发广告的关键字、展示次、每点击价值和竞争指数等重要关键字表现参数指标。同时,上述两组数据来源的零售商都已经在市场上发展出了完好的品牌形象,在全国范围内,具有较高的品牌知名度,故根据这两组数据进行的计算实验,能有效的验证本书提出的出价模型策略。数据集 1 和数据集 2 的数据摘要统计信息如表 5.2 和表 5.3 中所示。

在以下实验中,对于数据集 1 本书将总预算从 100 以 100 为步长增加到 1000,对于数据集 2 本书将总预算从 100 000 以 100 000 为步长增加到 1 000 000,在广告组层级(AdgroupBidding)、关键字层级(KeywordBidding)以及综合策略(GK-Bidding)上运行出价策略。

表 5.2　数据集 1 的摘要统计

	参数指标	搜索需求	每点击价值	竞争指数
所有关键字	均值	1265.96	6.70	94.33
(104 个关键字)	标准差	2388.68	4.93	19.20
广告组 1	均值	1699.18	8.99	91.89
(44 个关键字)	标准差	3160.99	5.76	22.48
广告组 2	均值	948.27	5.02	96.12
(60 个关键字)	标准差	1560.81	3.38	16.35

表 5.3　数据集 2 的摘要统计

	参数指标	搜索需求	每点击价值	竞争指数
所有关键字	均值	233789.30	2.84	80.35
(417 个关键字)	标准差	2156901.83	1.22	30.54

	参数指标	搜索需求	每点击价值	竞争指数
广告组 1	均值	751344.09	3.51	92.54
（50 个关键字）	标准差	4504910.03	1.19	20.36
广告组 2	均值	152480.00	2.72	79.82
（329 个关键字）	标准差	1637829.35	1.17	29.99
广告组 3	均值	256763.49	3.00	68.92
（38 个关键字）	标准差	1108516.76	1.44	40.31

5.3.2　出价策略实验结果

表 5.4 和表 5.5 显示了两组数据集在各个预算水平下，AdgroupBidding 出价策略在广告组层级的出价价格以及所获的利润和风险。从表 5.4 和表 5.5 中可以看出，对于数据集 1 和数据集 2，基于广告组层次的出价策略所获得的投标价格、利润和风险均随着预算的增加而增加。根据表 5.2 和表 5.4 可知，在数据集 1 中，与广告组 2 相比，广告组 1 具有更好的性能指标，因此具有更高的出价，并且出价随着预算的增加而增加。根据表 5.3 和表 5.5 可知，在数据集 2 中，广告组 1 的性能指标，即搜索需求、每点击价值和竞争指标，都优于广告组 2 和广告组 3，因此与数据集 1 的结果相似，具有更好的性能指标的广告组，具有更高的出价，并且出价随着预算呈现出递增的趋势。

表 5.4　数据集 1 在广告组层级的投标价格

预算	广告组 1	广告组 2	利润	风险
100	0.32	0.18	2338.09	75.56
200	0.45	0.25	3246.87	105.66
300	0.55	0.31	3920.53	128.27
400	0.63	0.36	4472.49	147.03

（续表）

预算	广告组 1	广告组 2	利润	风险
500	0.71	0.40	4946.68	163.31
600	0.78	0.44	5365.64	177.83
700	0.84	0.47	5742.74	191.03
800	0.90	0.50	6086.71	203.19
900	0.95	0.53	6403.61	214.48
1000	1.01	0.56	6697.84	225.05

表 5.5　数据集 2 在广告组层级的投标价格

预算	广告组 1	广告组 2	广告组 3	利润	风险
100000	0.34	0.26	0.29	943399.05	11301.30
200000	0.48	0.37	0.41	1274509.45	14763.21
300000	0.58	0.45	0.50	1504883.93	16937.18
400000	0.67	0.52	0.58	1683113.94	18445.51
500000	0.75	0.58	0.64	1828020.92	19529.32
600000	0.83	0.64	0.71	1949257.64	20312.35
700000	0.89	0.69	0.76	2052558.27	20868.18
800000	0.95	0.74	0.82	2141658.94	21244.86
900000	1.01	0.79	0.86	2219154.78	21475.83
1000000	1.07	0.83	0.91	2286935.26	21585.53

　　图 5.1 和图 5.2 显示了两组数据集在不同预算水平下，关键字层级通过基于关键字层次的 KeywordBidding 出价的价格。对于数据集 1，从图 5.1 中，我们可以看到，与基于广告组层次的出价策略 AdgroupBidding 相似，关键字的竞标价格随着预算的增加而增加。特别是，有几个关键字（即关键字 2、关键字 13 和关键字 25）的出价较高，因为它们的每次点击价值比其他关键字更大。而且，与其他关键字相比，其出价随着预算的增长也更快。

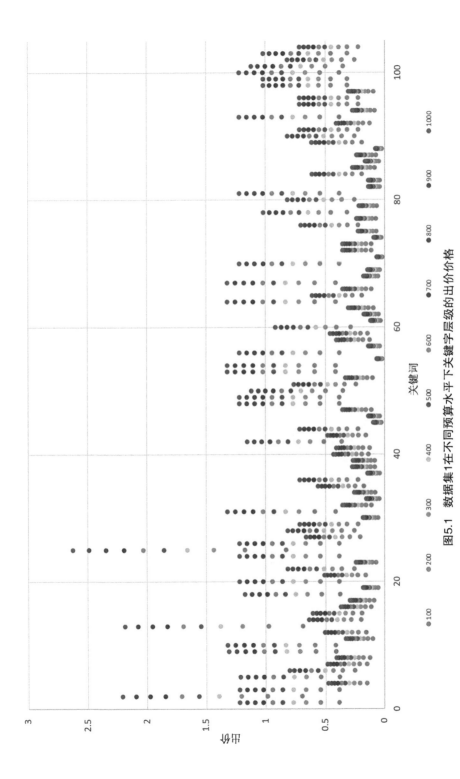

图5.1 数据集1在不同预算水平下关键字层级的出价价格

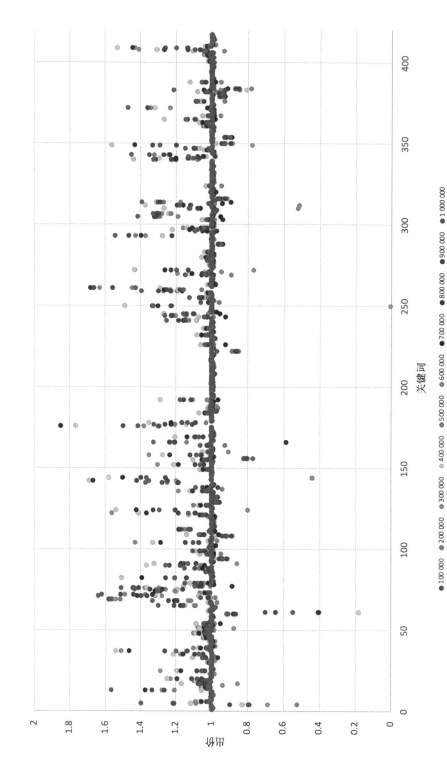

图5.2 数据集2在不同预算水平下关键字层级的出价价格

●100 000 ●200 000 ●300 000 ●400 000 ●500 000 ●600 000 ●700 000 ●800 000 ●900 000 ●1 000 000

对于数据集 2,从图 5.2 中,我们可以看到,对于数据集 2,关键字的竞标价格随着预算的增加变化更加复杂。具体来说,对于部分关键字,有的情况下即使赞助搜索广告推广的预算增加,有的关键字的出价仍然会降低,呈现不断波动的趋势。而有的关键字保持一个比较稳定的出价策略,每次预算下出价变化都很小。另一部分关键字仍然与数据集 1 中相同呈现一个随预算增加递增的趋势。这复杂多样的变化态势是由于该数据集数据量相较于数据 1 更庞大,因此出价情况更具复杂性所造成的。这一现象体现了本书出价策略的灵活性和对于不同类型数据集的适应性。

图 5.3 和图 5.4 分别显示了数据集 1 使用 AdgroupBidding 和 KeywordBidding 出价策略在不同预算下获得的利润和风险。图 5.5 和图 5.6 分别显示了数据集 2 使用 AdgroupBidding 和 KeywordBidding 出价策略在不同预算下获得的利润和风险。

从图 5.3 和图 5.4 中,我们可以看到,在数据集 1 中通过 AdgroupBidding 和 KeywordBidding 出价策略获得的利润都随着总预算的增加而增加。此外,与 AdgroupBidding 相比,KeywordBidding 以更高的风险(即可变性)获得了更高的利润。随着预算的增加,广告组和关键字级别的边际利润和边际风险均呈下降趋势。

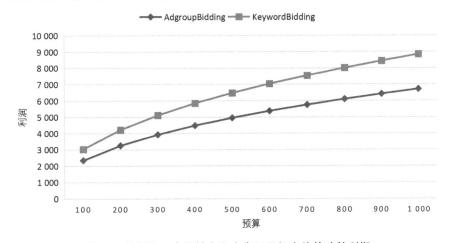

图 5.3　数据集 1 在关键字和广告组层级出价策略的利润

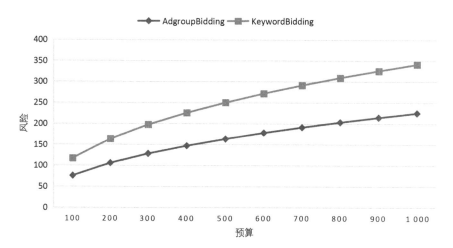

图 5.4 数据集 1 在关键字和广告组层级出价策略的风险

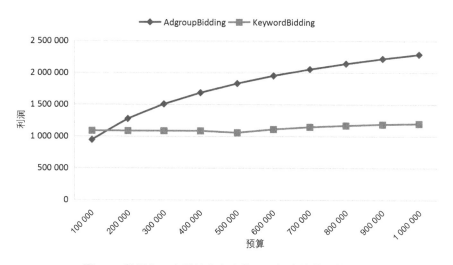

图 5.5 数据集 2 在关键字和广告组层级出价策略的利润

从图 5.5 中我们发现在数据集 2 中,在预算较低的情况下,基于关键字层次的出价策略 KeywordBidding 能够为广告主带来更多的利润。然而随着预算增加,大数据集的赞助搜索广告出价环境变得更为复杂,此时反而是更简单的基于广告组的出价策略 AdgroupBidding 更能够为广告主带来更多的利润。并且由图 5.6 可知,在数据量大、关键字多、预算量较高的情况下,大部分时候,基于广告组的出价策略 AdgroupBidding 不仅能为广告主带来更高的利润,同时此出价策略的风险也比基于关键字出价的 KeywordBidding 策略更低。

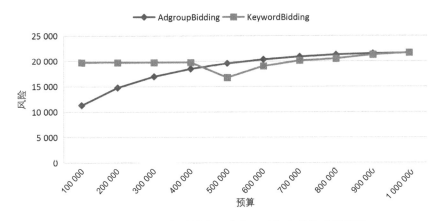

图 5.6　数据集 2 在关键字和广告组层级出价策略的风险

广告主在进行出价策略时,若目标关键字集合数量庞大,则计算成本和管理时间会呈现指数性上升的趋势。因此随着预算的增加,在多变的赞助搜索广告市场环境下,出价问题变得更为复杂,受限于计算成本等因素的约束,基于关键字层次的出价策略的综合表现反而差于更宽泛的基于广告组层次的出价策略。因此根据以上结果我们可以得出,在赞助搜索广告中,广告主需要在不同的决策情境下综合考虑基于广告组和基于关键字不同层次的出价策略,来达到最终最大化利润的同时控制风险,提高出价管理和控制计算成本的优化目的。

图 5.7 展示了数据集 1 在给定预算 800 后,在不同计算成本下,通过综合出价策略(即 GK-Bidding)获得的利润。在图 5.7 中,曲线的起点是指广告主能够负担的在广告组层级设置出价价格且计算成本最低的情况。注意,在计算成本低于最低水平的情况下,没有可行的出价策略,基于广告组层次的出价策略是考虑计算成本过程中综合出价的下界。

随着计算成本的增加,广告主获得的利润也逐渐增加,直到具有足够计算成本的情况为止,在该情况下,广告主可以为每个单独的关键字设置出价。边际利润最初急剧增加,然后在某个点之后呈现下降趋势。这是因为在 GK-Bidding 出价策略中,关键字是按照利润的降序进行排序的。在计算成本相对有限的情况下,使用关键字级出价策略来处理利润较高的关键字,从而可以显著提高利润。按照关键字的利润顺序从高到低的顺序,从关键字层级的出价策略到广告组层级的出价策略,关键字的边际利润减少了。综上所述,综合投标策略可以帮助广告主在不同的计算成本下获得更高的利润。

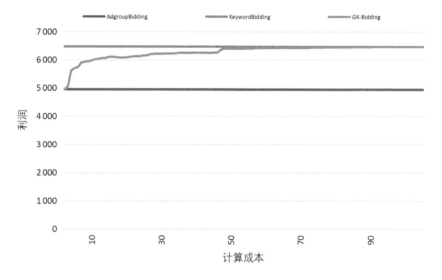

图 5.7   不同计算成本下三种出价策略的利润

5.4   本章小结

本书探讨了赞助搜索广告中两个不同级别,即广告组和关键字级别的出价策略。考虑到广告效果的不确定性,本书建立了应用于关键字层级和广告组层级两个级别的随机出价模型。此外,考虑到广告主的计算成本(或运营时间)的限制,本书根据广告主赞助搜索广告推广活动的预期利润和广告主出价优化的计算成本(或运营时间)之间的平衡,在这两个级别上开发了一种综合出价策略 GK-Bidding,以寻求可行的解决方案。本书使用从赞助搜索广告现场报告和赞助搜索广告活动日志收集的两组真实的面板数据集,进行实验以评估本书的模型和策略的性能。实验结果表明,在赞助搜索广告中:①与广告组层级的出价相比,关键字层级的出价可带来更高的利润和更高的风险;②本书提出的最优竞价的综合策略,可以帮助广告主在不同的计算成本约束下获得最高的利润;③此策略对于广告推广效果指标(即关键字表现参数)较好的广告组和关键字出价较高,并且出价随着预算的增加而增加;④随着出价优化计算成本的增加,广告主赞助搜索广告的推广活动边际利润的变化趋势是最初急剧增加,然后在某个点之后转为减少。

这项研究提供了一套针对关键字的可行且有效的出价策略,向赞助搜索广告中的广告主提出了一系列具有启发性的广告出价优化管理见解。具体如下:

(1)广告主在选择关键字出价层级时应考虑自己的风险容忍度,基于关键字层级的出价更加精细,在消耗大量计算成本带来巨额利润的同时也会带来非常大的风险。在相同计算成本承受能力下,风险偏好的广告主增加关键字层级出价的比例,而风险厌恶的广告主应增加广告组层级的出价比例。

(2)由于广告主精力有限,高利润关键字对应高出价,且随着预算增加,出价的增幅也相对较高,因此广告主应将更多努力花在对高利润关键字出价的控制和调整上,以此增加广告主对搜索广告推广效果的管理效率。

(3)搜索广告中关键字的最优出价是一个多因素作用下的结果,广告主的预算水平、搜索广告的结构、广告主的风险容忍度和计算承受能力都对最终广告推广活动的效果产生重要的影响,因此广告主应当综合权衡各个因素,以实现理想的最优出价策略。

6   总结与展望

6.1   总结

计算广告研究一直是众多国际期刊和会议所关注的热点话题,赞助搜索广告关键字优化研究是其中快速发展的重要分支,有将近二十年的研究历史,相关研究横跨计算机科学、人工智能、信息检索、广告、营销和信息系统等多个领域。本书在赞助搜索广告的背景下,研究不确定性环境下一系列基于随机优化的关键字策略。本书首先基于赞助搜索广告整个生命周期中不同层次的优化策略相关研究进行梳理。其次,本书进一步总结研究现状,并确定了赞助搜索广告关键字策略领域当前研究的空白。最后,本书以赞助搜索广告中的关键字作为研究对象,综合运用管理运筹学中基于随机规划的方法,分析解决高度不确定性环境下结构性赞助搜索广告中广告主需要优化的一系列关键字策略,主要包括以下三个方面的内容:

第一,基于随机优化的关键字分组策略研究:在这项研究中,本书为关键字分组建立了一个随机模型,以最大程度地提高赞助搜索广告计划的预期利润。具体而言,本书的模型将点击率和转化率作为随机变量。首先,本书使用机会约束的概念来描述在一定程度上满足预算约束的可能性。其次,在广告计划层级用预算单位的利润方差衡量广告主的风险,对预期利润和风险容忍度进行权衡。再次,本书开发分支定界算法来解决上述构建的关键字分组模型。最后,本书还进行了计算实验,通过与五个关键字分组基准方法进行比较,使用从实际报告和赞助搜索广告活动日志中收集的两个真实数据集来评估关键字分组模型的效果。五种基准方法的前两种是实践中广告主常用的关键字分组方法,第三种和第四种基准方法是从现有文献中存在的关键字分组方法,第五种是从本书的研究中抽取出的确定性关键字分组方法。实验结果表明:本书的关键字分组方法在利润和投资回报率方面优于五个关键字分组基准方法,且风险相对较低;与五个基准方法相比,本书提出的关键字分组方法分配了更多的关键字到广告组中,可以近似稳定地达到最佳解决方案;在关键字分组决策中,随着预算的增加,利润也相应增加;但是,边际利润并不一定显示出边际递减效应,也就是说,它并不总是随着预算的增加而减少;在广告组中分配更多的关键字并不一定会带来更高的利润。本质上,最佳关键字分组解决方案是各种广告因素之间多方面权衡的结果。

第二,基于随机优化的关键字投资组合策略研究:本书在金融投资组合理论的框架内研究关键词投资组合,旨在探索遵循赞助搜索广告结构(即关键字组合)的关键字组织方法,并考虑到关键字之间的潜在相互作用以及广告效果和赞助搜索广告市场环境等方面的不确定性。首先,本书通过将关键字作为资产来构建关键字组合模型。具体来说,关键字组合的风险函数由每对关键字之间的相关性定义,即两个关键字的现金流量之间的协方差。本书假设广告效果的协方差反映了关键字之间的潜在互动关系。关于金融资产分类,本书在广告主的风险—收益概况中细分了广告主的关键字集合。其次,本书为关键字和细分组合构建有效的边界,以满足各种风险盈利偏好。此外,本书使用从现场报告和赞助搜索广告活动日志收集的面板数据集,利用广告主使用的投资组合和均匀分配投资组合作为基准方法,测试了本书的模型和有效边界的可行性。实验结果表明,本书的有效投资组合的风险始终低于两个基准方法,并且从长期来看,其利润表现要更好。

第三,基于随机优化的关键字综合出价策略研究:在这项研究中,本书建立了一个随机出价模型,此模型应用于广告组和关键字级别,在考虑预算限制的情况下最大限度地提高赞助搜索广告的预期利润。此外,考虑到广告主的计算成本(或运营时间)的限制,本书在两个级别上开发了综合的出价策略。使用从赞助搜索广告现场报告和活动日志中收集的面板数据集,本书进行计算实验以评估本书模型的性能。实验结果表明,与广告组级别的出价相比,关键字级别的出价可以带来更高的利润但同时伴随着更高的风险。此外,对于效果指标较好的广告组和关键字,出价较高,并且出价随着预算的增加而增加。最重要的是,在不同的计算成本约束下,最优竞价的综合策略可以获得最高的利润。因此,本书的策略可以灵活地让广告主进行出价决策优化。特别是,随着计算成本的增加,边际利润最初急剧增加,然后在某个点之后减少。为赞助搜索广告中广告主的关键字出价优化策略提供了一定的指导依据。

6.2　研究展望

本书刻画了一系列存在赞助搜索广告中不确定性环境下,基于随机规划的关键字决策优化模型,具体包括:不确定性环境下的关键字分组随机规划模型、关键字投资组合收益风险均衡模型以及结合关键字层次和广告组层次的综合关键字竞价随机优化模型。本书通过对赞助搜索广告中重要关键字决策问题进行建模,分析模型解析的技术并通过实际数据进行计算实验以验证研究策略的有效性,并深入探讨相关问题。但是,赞助搜索广告中仍存在许多未解决的关键字决策问题,本书进一步总结了研究现状,并概述了该领域未来探索的有趣前景,本书希望未来通过在该领域的继续研究努力填补相关的研究空白。

第一,从关键字决策的文献分布的角度来看,关于关键字决策主题的研究工作不均衡。更具体地说,关键字决策相关研究工作更多地集中在关键字生成和关键字定位上。但是,很少有研究系统地解决与搜索引擎定义的广告结构有关的关键字优化问题,即关键字分组和关键字调整。在实际的活动管理中,赞助搜索广告结构在关键字决策中至关重要。尽管行业实际需求已经明确,但有关关键字分配和分组的学术文献很少。本书已经在考虑赞助搜索广告环境不确定性和赞助搜索广告结构的基础上开展了有关关键字分组的研究,并且本书的最优关键字分组方法可以帮助广告主在赞助搜索广告中以相对较低的风险获得更多利润。但是在未来的工作中,本书尝试通过考虑关键字之间的一系列交互效果,挖掘关键字之间的相互作用路径及传导机制,以此来开发更复杂的关键字分组方法。此外,考虑到赞助搜索广告市场的动态变化,我们计划通过跟踪广告活动的实时效果来研究关键字调整。另一个有趣的问题是在关键字分组决策中考虑广告主预期广告效果、消费受众特征、广告推广区域(地理位置)、语义关系等其他相关因素,并探讨不确定性在赞助搜索广告中关键字分组相关操作中的作用。

第二,关于动态搜索广告环境下的关键字优化研究,由于不确定性因素较多,搜索广告市场中广告主的收益和风险呈现动态变化的趋势。然而传统的动态投资组合方法包括动态规划和凸优化等,更适用于低维,离散状态和动作空间,若将其应用于动态的搜索广告关键字决策中会遭受维数诅咒的困扰,因此,我们可以诉诸深度强化学习的方法,通过自主学习机制来探索和适应未知的动态搜索广告市场环境,通过设计特定的神经网络结构,避免维数诅咒,大规模的进行关键字投资组合优化,随着时间的推移获得最佳的关键字投资组合策略。此外,由于赞助搜索广告固有的动态复杂性,现有文献中几乎没有关键字调整方向的研究。与预算调整和出价调整不同,关键字调整是一个离散的优化问题,需要解决因为关键字的数量规模和可行解空间的扩展带来的困难。尽管关键字决策领域已经存在大量研究工作,但很少有研究考虑到实际决策因素(例如赞助搜索广告的结构性和动态性)。从这个意义上讲,学术研究与赞助搜索广告实践之间仍然存在很大的差距。因此,这需要大量的研究工作来解决赞助搜索广告主在关键字决策中遇到的实际问题。

第三,一个未来的研究方向是结合关键字决策研究和关键字实证研究。从理论上讲,实证研究结果有利于决策和相关优化策略的设计。实际上,实证研究的最终目标是通过促进人们对上下文和相关过程的理解,提供有用的度量标准和新颖的见解来改善实际决策过程。尤其是,关键字实证研究有助于理解赞助搜索广告流程以及在线消费者与搜索引擎的互动,并且能够帮助赞助搜索广告的广告主设计合适的广告计划。换句话说,关键字的特征工程维护以及广告效果的预测和评估是关键字决策的重要前提(例如,帮助广告主识别相关关键字并设置适当的匹配选项)。反过来,最佳的关键字决策将使赞助搜索广告工作能够更加有效地针对消费者并实现营销目标。但是,目前几乎没有研究利用搜索广告中关键字实证研究成果来促进赞助搜索广告中的关键词决策优化。该现状导致了针对关键字决策实践的原则性理论指导的缺乏。因此,该领域的理论研究与应用研究之间存在的鸿沟,使得统一关键字研究的两个分支的需要变得迫切,通过结合赞助搜索广告中关键字的实证研究和决策研究可能会导致研究范式的转变,这对赞助搜索广告关键字研究具有重要的意义。关键字研究是在线广告中一个独特的主题,因为最新的网络科学基本上将关键字作为提供各种信息服务的基本单位。从这个意义上讲,在不失一般性的前提下,通过赞助搜索广告关键字研究获得的见解和解决方案也可以为其他在线广告形式(例如社交媒体广告)提供启发。

参考文献

[1] 邓秀勤,谢伟欢,刘富春,等.基于特征工程的广告点击转化率预测模型[J].数据采集与处理,2020,35(05):842-849.

[2] 段淳林,崔钰婷.广告智能化研究的知识图谱[J].新闻与传播评论,2021,74(01):56-67.

[3] 吕尚彬,郑新刚.计算广告的兴起背景、运作机理和演进轨迹[J].山东社会科学,2019(11):164-169.

[4] 冉华,刘锐.计算技术背景下广告产业形态演进研究——基于"技术—供需"的分析框架[J].新闻与传播评论,2021,74(05):43-55.

[5] Abhishek V, Hosanagar K. Keyword generation for search engine advertising using semantic similarity between terms [C]. In Proceedings of the 9thInternational Conference on Electronic Commerce. Minneapolis, MN, USA, 2007: 89-94.

[6] Abhishek V, Hosanagar K. Optimal bidding in multi-item multislot sponsored search auctions[J]. Operations Research, 2013, 61(4): 855-873.

[7] Agarwal A, Mukhopadhyay T. The impact of competing ads on click performance in sponsored search[J]. Information Systems Research, 2016, 27(3): 538-557.

[8] Amaldoss W, Desai P S, Shin W. Keyword search advertising and first-page bid estimates: A strategic analysis[J]. Management Science, 2015, 61(3): 507-519.

[9] Amaldoss W, Jerath K, Sayedi A. Keyword management costs and "broad match" in sponsored search advertising[J]. Marketing Science, 2016, 35 (2): 259-274.

[10] Balseiro S, Kim A, Mahdian M, et al. Budget-management strategies in repeated auctions[J]. Operations Research, 2021, 69(3): 859-876.

[11] Barney J. Firm resources and sustained competitive advantage[J]. Journal of Management, 1991, 17(1): 99-120.

[12] Borgs C, Chayes J, Immorlica N, et al.. Dynamics of bid optimization in online advertisement auctions [C]. In Proceedings of the 16th International Conference on World Wide Web. 2007: 531-540.

[13] Budhiraja A, Reddy P K. An improved approach for long tail advertising in sponsored search[C]. International Conference on Database Systems for Advanced Applications. Springer, Cham, 2017: 169-184.

[14] Cai H, Ren K, Zhang W, et al.. Real-time bidding by reinforcement learning in display advertising[C]. In Proceedings of the 10th ACM International Conference on Web Search and Data Mining. 2017: 661-670.

[15] Cao X, Ke T T. Cooperative search advertising[J]. Marketing Science, 2019, 38(1): 44-67.

[16] Cao X, Yang Z, Wang F, et al. From keyword to keywords: the role of keyword portfolio variety and disparity in product sales[J]. Asia Pacific Journal of Marketing and Logistics, 2021.

[17] Chen Y, Xue G R, Yu Y. Advertising keyword suggestion based on concept hierarchy [C]. In Proceedings of the 2008 International Conference on Web Search and Data Mining. Palo Alto, California: ACM, 2008: 251-260.

[18] Chiou L, E. Tucker C. How do restrictions on advertising affect consumer search? [J]. Management Science, 2022, 68(2): 866-882.

[19] Cholette S, Özlük Ö, Parlar M. Optimal keyword bids in search-based advertising with stochastic advertisement positions [J]. Journal of

Optimization Theory and Applications, 2012, 152(1): 225-244.

[20] Colangelo G. Competing Through Keyword Advertising[J]. Journal of Competition Law & Economics, 2020, 16(3): 306-348.

[21] DasGupta B, Muthukrishnan S. Stochastic budget optimization in internet advertising[J]. Algorithmica, 2013, 65(3): 634-661.

[22] Desai P S, Shin W, Staelin R. The company that you keep: When to buy a competitor's keyword[J]. Marketing Science, 2014, 33(4): 485-508.

[23] Dhar V, Ghose A. Research commentary: Sponsored search and market efficiency[J]. Information Systems Research, 2010, 21(4): 760-772.

[24] Dorfman R, Steiner P O. Optimal advertising and optimal quality[J]. The American Economic Review, 1954, 44(5): 826-836.

[25] Du X, Su M, Zhang X, et al. Bidding for multiple keywords in sponsored search advertising: Keyword categories and match types[J]. Information Systems Research, 2017, 28(4): 711-722.

[26] Erdmann A, Arilla R, Ponzoa J M. Search engine optimization: The long-term strategy of keyword choice[J]. Journal of Business Research, 2022, 144: 650-662.

[27] Even Dar E, Mirrokni V S, Muthukrishnan S, et al.. Bid optimization for broad match ad auctions[C]. In Proceedings of the 18th International Conference on World Wide Web. 2009: 231-240.

[28] Fei H, Zhang J, Zhou X, et al. GemNN: gating-enhanced multi-task neural networks with feature interaction learning for CTR prediction[C]. In Proceedings of the 44th International ACM SIGIR Conference on Research and Development in Information Retrieval. 2021: 2166-2171.

[29] Feldman J, Muthukrishnan S, Pal M, Stein C. Budget optimization in search-based advertising auctions [C]. In Proceedings of the 8th ACM Conference on Electronic Commerce. 2007: 40-49.

[30] Fong N M. How targeting affects customer search: A field experiment [J]. Management Science, 2017, 63(7): 2353-2364.

[31] Fruchter G E, Dou W. Optimal budget allocation over time for keyword ads in web portals[J]. Journal of Optimization Theory and Applications, 2005, 124(1): 157-174.

[32] Gabaix X, Gopikrishnan P, Plerou V, Stanley H E. A theory of power-law distributions in financial market fluctuations[J]. Nature, 2003, 423 (6937): 267-270.

[33] Gharibshah Z, Zhu X, Hainline A, et al. Deep learning for user interest and response prediction in online display advertising[J]. Data Science and Engineering, 2020, 5(1): 12-26.

[34] Gong J, Abhishek V, Li B. Examining the impact of keyword ambiguity on search advertising performance: A topic model approach[J]. MIS Quarterly, 2017, 42(3): 805-829.

[35] Jadidinejad A H, Mahmoudi F. Advertising keyword suggestion using relevance-based language models from Wikipedia rich articles[J]. Journal of Computer & Robotics, 2014, 7(2): 29-35.

[36] Jansen B J, Clarke T B. Conversion potential: a metric for evaluating search engine advertising performance[J]. Journal of Research in Interactive Marketing, 2017, 11(2):142-159.

[37] Jerath K, Ma L, Park Y H, Srinivasan K. A "position paradox" in sponsored search auctions[J]. Marketing Science, 2011, 30(4): 612-627.

[38] Jeziorski P, Moorthy S. Advertiser prominence effects in search advertising[J]. Management Science, 2018, 64(3): 1365-1383.

[39] Ji L, Rui P, Hansheng W. Selection of best keywords: a poisson regression model[J]. Journal of Interactive Advertising, 2010, 11(1): 27-35.

[40] Joshi A, Motwani R. Keyword generation for search engine advertising [C]. In Sixth IEEE International Conference on Data Mining-Workshops (ICDMW'06). IEEE, 2006: 490-496.

[41] Kim C, Park S, Kwon K, et al. How to select search keywords for online advertising depending on consumer involvement: An empirical

investigation[J]. Expert Systems with Applications, 2012, 39 (1): 594-610.

[42] Kiritchenko S, Jiline M. Keyword optimization in sponsored search via feature selection[C]. In New Challenges for Feature Selection in Data Mining and Knowledge Discovery. Antwerp, Belgium: JMLR, 2008: 122-134.

[43] Kosuch S, Lisser A. Upper bounds for the 0-1 stochastic knapsack problem and a B&B algorithm[J]. Annals of Operations Research, 2010, 176(1): 77-93.

[44] Küçükaydin H, Selçuk B, Özlük Ö. Optimal keyword bidding in search-based advertising with budget constraint and stochastic ad position[J]. Journal of the Operational Research Society, 2020, 71(4): 566-578.

[45] Kuo C, Yoshiura N. A Browser Application for Keyword Recommendation Based on User Web Search[C]. International Conference on Computational Science and Its Applications. Springer, Cham, 2018: 147-162.

[46] Lapan M. Deep Reinforcement Learning Hands-On: Apply modern RL methods, with deep Q-networks, value iteration, policy gradients, TRPO, AlphaGo Zero and more[M]. Packt Publishing Ltd, 2018.

[47] Lee K C, Jalali A, Dasdan A. Real time bid optimization with smooth budget delivery in online advertising[C]. In Proceedings of the 7th International Workshop on Data Mining for Online Advertising. 2013: 1-9.

[48] Li H, Yang Y. Optimal keywords grouping in sponsored search advertising under uncertain environments[J]. International Journal of Electronic Commerce, 2020, 24(1): 107-129.

[49] Liu-Thompkins Y. A decade of online advertising research: What we learned and what we need to know[J]. Journal of Advertising, 2019, 48 (1): 1-13.

[50] Lu X, Zhao X. Differential effects of keyword selection in search engine

advertising on direct and indirect sales[J]. Journal of Management Information Systems，2014，30(4)：299-326.

[51] Luo W，Cook D，Karson E J. Search advertising placement strategy：Exploring the efficacy of the conventional wisdom[J]. Information & management，2011，48(8)：404-411.

[52] Malkiel B G，Fama E F. Efficient capital markets：A review of theory and empirical work[J]. The journal of Finance，1970，25(2)：383-417.

[53] Markowitz H. Portfolio selection[J]. The Journal of Finance，1952，7(1)：77-91.

[54] Mohr J，Sengupta S，Slater S F. Marketing of high-technology products and innovations [M]. Upper Saddle River，NJ：Pearson Prentice Hall，2010.

[55] Muthukrishnan S，Pál M，Svitkina Z. Stochastic models for budget optimization in search-based advertising[C]. In International Workshop on Web and Internet Economics. Springer，Berlin，Heidelberg，2007：131-142.

[56] Muthukrishnan S，Pál M，Svitkina Z. Stochastic models for budget optimization in search-based advertising[J]. Algorithmica，2010，58(4)：1022-1044.

[57] Nagpal M，Petersen J A. Keyword selection strategies in search engine optimization：how relevant is relevance? [J]. Journal of Retailing，2020，94(7)：746-763.

[58] Naik P A，Raman K，Winer R S. Planning marketing-mix strategies in the presence of interaction effects[J]. Marketing Science，2005，24(1)：25-34.

[59] Nie H，Yang Y，Zeng D. Keyword generation for sponsored search advertising：Balancing coverage and relevance [J]. IEEE Intelligent Systems，2019，34(5)：14-24.

[60] Ortiz-Cordova A，Jansen B J. Classifying web search queries to identify

high revenue generating customers[J]. Journal of the American Society for Information Science and Technology, 2012, 63(7): 1426-1441.

[61] Özlük Ö, Cholette S. Allocating expenditures across keywords in search advertising[J]. Journal of Revenue and Pricing management, 2007, 6(4): 347-356.

[62] Pearson M M, Gessner G H. Transactional segmentation to slow customer defections[J]. Marketing Management, 1999, 8(2): 16-23.

[63] Pin F, Key P. Stochastic variability in sponsored search auctions: observations and models[C]. In Proceedings of the 12th ACM Conference on Electronic Commerce. San Jose, California: ACM, 2011: 61-70.

[64] Prabhu Y, Kag A, Gopinath S, et al. Extreme multi-label learning with label features for warm-start tagging, ranking & recommendation[C]. In Proceedings of the Eleventh ACM International Conference on Web Search and Data Mining. 2018: 441-449.

[65] Prabhu Y, Kag A, Harsola S, et al. Parabel: Partitioned label trees for extreme classification with application to dynamic search advertising[C]. In Proceedings of the 2018 World Wide Web Conference. 2018: 993-1002.

[66] Qiao D, Zhang J, Wei Q, et al. Finding competitive keywords from query logs to enhance search engine advertising[J]. Information & Management, 2017, 54(4): 531-543.

[67] Radlinski F, Broder A, Ciccolo P, et al.. Optimizing relevance and revenue in ad search: a query substitution approach[C]. In Proceedings of the 31st Annual International ACM SIGIR Conference on Research and Development in Information Retrieval. 2008: 403-410.

[68] Regelson M, Fain D. Predicting click-through rate using keyword clusters [C]. In Proceedings of the 2nd Workshop on Sponsored Search Auctions. Ann Arbor, MI, 2006, 9623: 1-6.

[69] Rosso M A, Jansen B J. Brand names as keywords in sponsored search advertising [J]. Communications of the Association for Information

Systems, 2010, 27(6): 81-98.

[70] Rusmevichientong P, Williamson D P. An adaptive algorithm for selecting profitable keywords for search-based advertising services [C]. In Proceedings of the 7th ACM Conference on Electronic Commerce. Ann Arbor, Michigan: ACM, 2006: 260-269.

[71] Rutz O J, Bucklin R E, Sonnier G P. A latent instrumental variables approach to modeling keyword conversion in paid search advertising[J]. Journal of Marketing Research, 2012, 49(3): 306-319.

[72] Rutz O J, Bucklin R E. From generic to branded: A model of spillover in paid search advertising[J]. Journal of Marketing Research, 2011, 48(1): 87-102.

[73] Samuelson P A, Nordhaus W D. Microeconomics [M]. New York: McGraw-Hill/Irwin, 2001.

[74] Sarmento L, Trezentos P, Gonçalves J P, et al.. Inferring local synonyms for improving keyword suggestion in an on-line advertisement system[C]. In Proceedings of the 3rd International Workshop on Data Mining and Audience Intelligence for Advertising. 2009: 37-45.

[75] Scholz M, Brenner C, Hinz O. AKEGIS: automatic keyword generation for sponsored search advertising in online retailing[J]. Decision Support Systems, 2019, 119: 96-106.

[76] Schwaighofer A, Candela J Q, Borchert T, et al. Scalable clustering and keyword suggestion for online advertisements[C]. In Proceedings of the 3rd International Workshop on Data Mining and Audience Intelligence for Advertising. Paris, France, 2009: 27-36.

[77] Sen R. Optimal search engine marketing strategy[J]. International Journal of Electronic Commerce, 2005, 10(1): 9-25.

[78] Sharpe W F. The sharpe ratio[J]. Journal of Portfolio Management, 1994, 21 (1): 49-58.

[79] Shi S W, Dong X. The effects of bid pulsing on keyword performance in search

engines[J]. International Journal of Electronic Commerce, 2015, 19(2):
3-38.

[80] Skiera B, Abou Nabout N. Practice prize paper—PROSAD: A bidding
decision support system for profit optimizing search engine advertising[J].
Marketing Science, 2013, 32(2): 213-220.

[81] Srinivasan S, Hanssens D M. Marketing and firm value: Metrics,
methods, findings, and future directions [J]. Journal of Marketing
Research, 2009, 46(3): 293-312.

[82] Srivastava R K, Shervani T A, Fahey L. Driving shareholder value: the role
of marketing in reducing vulnerability and volatility of cash flows[J]. Journal
of Market-Focused Management, 1997, 2(1): 49-64.

[83] Srivastava R K, Shervani T A, Fahey L. Market-based assets and
shareholder value: A framework for analysis[J]. Journal of Marketing,
1998, 62(1): 2-18.

[84] Sutton R S, Barto A G. Reinforcement learning: An introduction[M].
MIT Press, 2018.

[85] Tarasi C O, Bolton R N, Hutt M D, et al. Balancing risk and return in a
customer portfolio[J]. Journal of Marketing, 2011, 75(3): 1-17.

[86] Wächter A, Biegler L T. On the implementation of an interior-point filter
line-search algorithm for large-scale nonlinear programming [J].
Mathematical Programming, 2006, 106(1): 25-57.

[87] Wu H, Qiu G, He X, et al. Advertising keyword generation using active
learning[C]. In Proceedings of the 18th International Conference on
World Wide Web. Madrid, Spain: ACM, 2009: 1095-1096.

[88] Wu X, Bolivar A. Keyword extraction for contextual advertisement[C]. In
Proceedings of the 17th International Conference on World Wide Web.
2008: 1195-1196.

[89] Xu Z, Li D, Zhao W, et al. Agile and accurate ctr prediction model
training for massive-scale online advertising systems[C]. In Proceedings

of the 2021 International Conference on Management of Data. 2021：2404-2409.

[90] Xue L，Ray G，Gu B. Environmental uncertainty and IT infrastructure governance：A curvilinear relationship[J]. Information Systems Research，2011，22(2)：389-399.

[91] Yang X，Guo Z，Ding Z. Beyond Keyword Targeting：An End-to-End Ad Retrieval Framework for Sponsored Search[C]. In Proceedings of the 42nd International ACM SIGIR Conference on Research and Development in Information Retrieval. 2019：1385-1386.

[92] Yang Y，Jansen B J，Yang Y，et al.. Keyword optimization in sponsored search advertising：A multilevel computational framework[J]. IEEE Intelligent Systems，2019，34(1)：32-42.

[93] Yang Y，Li H. Managing keywords as investment：application of financial portfolio theory in search engine advertising[C]. In 13th China Summer Workshop on Information Management（CSWIM）. Shenzhen，China，2019.

[94] Yang Y，Li X，Zeng D，et al.. Aggregate effects of advertising decisions：A complex systems look at search engine advertising via an experimental study[J]. Internet Research，2018，28(4)：1079-1102.

[95] Yang Y，Qin R，Jansen B J，et al.. Budget planning for coupled campaigns in sponsored search auctions[J]. International Journal of Electronic Commerce，2014，18(3)：39-66.

[96] Yang Y，Yang Y C，Jansen B J，et al.. Computational advertising：A paradigm shift for advertising and marketing? [J]. IEEE Intelligent Systems，2017，32(3)：3-6.

[97] Yang Y，Zeng D，Yang Y，et al.. Optimal budget allocation across search advertising markets[J]. INFORMS Journal on Computing，2015，27(2)：285-300.

[98] Yang Y，Zhang J，Qin R，et al.. A budget optimization framework for

search advertisements across markets[J]. IEEE Transactions on Systems, Man, and Cybernetics-Part A: Systems and Humans, 2012, 42 (5): 1141-1151.

[99] Yih W T, Goodman J, Carvalho V R. Finding advertising keywords on web pages[C]. In Proceedings of the 15th International Conference on World Wide Web. 2006: 213-222.

[100] Zhang J, Qiao D. A Novel Keyword Suggestion Method for Search Engine Advertising[C]. In Proceedings of Pacific Asia Conference on Information Systems (PACIS), 2018: 305.

[101] Zhang J, Yang Y, Li X, et al.. Dynamic dual adjustment of daily budgets and bids in sponsored search auctions[J]. Decision Support Systems, 2014, 57: 105-114.

[102] Zhang J, Zhang J, Chen G. A semantic transfer approach to keyword suggestion for search engine advertising [J]. Electronic Commerce Research, 2021: 1-27.

[103] Zhang W, Wang D, Xue G R, et al.. Advertising keywords recommendation for short-text web pages using Wikipedia[J]. ACM Transactions on Intelligent Systems and Technology (TIST), 2012, 3(2): 1-25.

[104] Zhang W, Zhang Y, Gao B, et al.. Joint optimization of bid and budget allocation in sponsored search[C]. In Proceedings of the 18th ACM SIGKDD International Conference on Knowledge Discovery and Data Mining. 2012: 1177-1185.

[105] Zhang W, Zhou T, Wang J, et al.. Bid-aware gradient descent for unbiased learning with censored data in display advertising[C]. In Proceedings of the 22nd ACM SIGKDD International Conference on Knowledge Discovery and Data Mining. 2016: 665-674.

[106] Zhang X, Feng J. Cyclical bid adjustments in search-engine advertising [J]. Management Science, 2011, 57(9): 1703-1719.

[107] Zhou H, Huang M, Mao Y, et al. Domain-constrained advertising keyword

generation[C]. The World Wide Web Conference. 2019：2448-2459.

[108] Zhou N，Wu J，Zhang S. A keyword extraction based model for web advertisement[M]. In Integration and Innovation Orient to E-Society Volume 2. Springer，Boston，MA，2007：168-175.

[109] Zhou Y，Chakrabarty D，Lukose R. Budget constrained bidding in keyword auctions and online knapsack problems[C]. In International Workshop on Internet and Network Economics. Springer，Berlin，Heidelberg，2008：566-576.

[110] Zhou Y，Huang F，Chen H. Combining probability models and web mining models：a framework for proper name transliteration[J]. Information Technology and Management，2008，9(2)：91-103.

[111] Zhou Y，Naroditskiy V. Algorithm for stochastic multiple-choice knapsack problem and application to keywords bidding[C]. In Proceedings of the 17th International Conference on World Wide Web. Beijing：ACM，2008：1175-1176.

索　引